Friedrich Rosenbauer

Zur Lehre von der Unterordnung der Sätze im

Altfranzösischen

Friedrich Rosenbauer

Zur Lehre von der Unterordnung der Sätze im Altfranzösischen

ISBN/EAN: 9783744709651

Hergestellt in Europa, USA, Kanada, Australien, Japan

Cover: Foto ©Thomas Meinert / pixelio.de

Weitere Bücher finden Sie auf **www.hansebooks.com**

Zur Lehre

von der

Unterordnung der Sätze im Altfranzösischen.

INAUGURAL-DISSERTATION

der philosophischen Facultät

der

KAISER WILHELMS-UNIVERSITÄT STRASSBURG

zur Erlangung der Doctorwürde

vorgelegt von

Friedrich Rosenbauer.

Strassburg 1886.

Druck von M. DuMont-Schauberg.

Seinen lieben Eltern

in Dankbarkeit

gewidmet

vom

Verfasser.

An dieser Stelle möge mir gestattet sein, meinem hochverehrten Lehrer, Herrn Professor Dr. G r o e b e r , für die Anregung und Förderung bei dieser Arbeit meinen herzlichsten Dank auszusprechen.

Wie in so vielen Stücken das lateinische Erbe, dessen sich die romanischen Völker in ihren Sprachen erfreuen, mit dem in den lateinischen Schriften des Altertums überlieferten Sprachstoff sich keineswegs deckt, und im Wortschatz so gut wie im Formenschatz erheblich hinter dem Wort= und Formenschatz der römischen Litteratur zurücksteht, mithin für ebensoviele Vorstellungen und Unterscheidungen, als den Romanen im Vergleich zu den Lateinern Worte und Wortformen fehlen, den Erben der lateinischen Sprache die geistige Vorbereitung gebrach, so haben die romanischen Sprachen auch nur einen unerheblichen Bruchteil von den zahlreichen Wörtern gerettet, mit denen das gebildete Latein bestimmt und genau die Beziehung von Nebensatz zu Hauptsatz und insbesondere die Art der Determination angibt, die Hauptsatz und Glieder des Hauptsatzes durch sogenannte untergeordnete Sätze erfahren. Sie haben sich einstmals gegenüber der Fülle logischer Unterscheidungen und Bestimmungen, die der Lateiner mit seinen subordinierenden Conjunctionen ausdrückt, mit einer geradezu winzigen Anzahl von Nebensatzpartikeln zu begnügen vermocht. Von den zahlreichen unterordnenden Conjunctionen der Muttersprache hat das Französische nur das temporale quand, das conditionale si, das vergleichende comme (= quomodo) und das allmälig zur unbegrenzten Vieldeutigkeit gelangte que (= quod) beibehalten.

Ja die Nötigung, den determinierenden, bezogenen Satz als bezogenen Satz kenntlich zu machen, wurde in frühromanischer Zeit so wenig empfunden, daß der Determinativsatz wie bekannt, (Vgl. Diez: Gram. III S. 340 ff. 3te Aufl.) selbst uneingeführt zum Hauptsatz in der Form eines Hauptsatzes sich gesellen und dem Hörer überlassen werden konnte, jene Beziehung zum Hauptsatze aus dem Zusammenhang der Rede selbst hinzu zu denken.

Allerdings hat Hand in Hand mit einem auf Klarheit und Deutlichkeit abzielenden Denken die Sprachcultur die romanischen Sprachen allmälig über diese primitive Art des Gedankenausdruckes hinweggehoben und eine Fülle von unterordnenden Conjunctionen innerhalb der romanischen Sprachen neu entstehen lassen, die nach Anzahl und Bestimmtheit der Bedeutung den Vergleich mit denen der lateinischen Sprache nicht zu scheuen haben.

Allein wie, wann und durch wen sind diese neuen Conjunctionen in den romanischen Sprachen gebildet worden? Haben sie in jenen frühern Perioden noch andere als die heute üblichen besessen? Functionieren die den romanischen Sprachen erhalten gebliebenen lateinischen Suborbinationspart·keln in derselben Weise wie im Lateinischen, oder vereinigte die eine oder andere Functionen mehrerer lateinischer in sich, und in welchen Fällen wurde von Anwendung der ererbten abgesehen, und welche Arten determinativer Sätze sind in den unverbunden bezogenen Sätzen vertreten?

Diese von Diez wohl berührten und unter den maßgebenden Gesichtspuncten betrachteten, aber noch nirgends im Zusammenhang erörterten Fragen sollen im Folgenden mit Hülfe der ältern französischen Denkmäler aus dem 9. bis 12. Jahrhundert für diese Sprache zu beantworten versucht werden, um zu erkennen, wie auf dem Gebiete der Satzfügung die französische Sprache allmälig zu einem exacten Ausdruck des Gedankens, zu scharfen Unterscheidungen und logischer Bestimmtheit gelangt ist. Die Sprachdenkmäler, welche zu diesem Zwecke zur Untersuchung speziell herbeigezogen wurden, sind folgende:

1. Serments de Strasbourg . . . . Eide.*)
2. Prose de Sainte Eulalie . . . . Eul.
3. Fragment de Valenciennes . . . . Val.
4. Vie de Saint Léger . . . . Lg.

Die vier genannten Denkmäler herausgegeben von E. Koschwitz: Les plus anciens monuments de la langue française. 1886.

5. Vie de Saint Alexis, herausggb. von G. Paris und L. Pannier 1872. . . . . Al.
6. La chanson de Roland. Nach der Oxforder Handschrift herausgegeben von Th. Müller 1878 . . . . . . Rol.
7. Karls des Grossen Reise nach Jerusalem und Constantinopel, herausg. von E. Koschwitz. Neue Aufl. 1883. Charl.

---

*) Unter den rechts stehenden Abkürzungen sind die genannten Denkmäler in der Abhandlung citiert worden.

8. Fragment de Gormond et Isembard, Text nebſt Einleitung und vollſtänbigem Wortinbex herausgegeben von R. Heiligbrodt. Rom. Studien III, 501 ff. . . . . Gorm.

9. Libri Psalmorum versio antiqua gallica e cod. ms. in bibl. Bodl. ed. Fr. Michel . . . . L. Psalm.

10. Les quatre livres des rois traduits en français du XII siècle; publ. par Le Roux de Lincy 1841 . . . . . Quat. liv.

11. Li Dialoge Gregoire lo Pape, Altfranzöſiſche Ueberſetzung bes 12. Jahrhunderts herausgegeben von W. Förster . Dial.

12. Li Cumpoz Philipe de Thaün, mit einer Einleitung über bie Sprache bes Autors herausgegeben von Ed. Mall. 1873. Comp.

Wenn hie unb ba eine Stelle aus einem anbern Denkmal ange= führt mird, iſt bie Ausgabe mit angegeben.

Die Unterſuchung gliebert ſich ber Frageſtellung gemäß in brei Teile. Es gilt zu beſtimmen:

1) Die Functionen ber unverbunbenen auf einen Hauptſatz be= zogenen Sätze. (Parataktiſcher Nebenſatz.)

2) Die Functionen ber ererbten lateiniſchen Conjunctionen in verbunbenen untergeorbneten Sätzen. (Aeltere Arten bes hypotaktiſchen Nebenſatzes.)

3) Die Entſtehung unb bie Functionen ber neu gebilbeten Con= junctionen, bie einen untergeorbneten Satz einleiten können. (Jüngere Arien bes hypotaktiſchen Satzes).

Erster Teil.

***

Unverbundene Sätze in der Function untergeordneter Sätze.

Wo hat ein unverbundener Satz die Function eines untergeordneten Satzes, oder, mit andern Worten, wann darf ein Satz in Hauptsatzform als ein bezogener Satz aufgefaßt werden? Welches sind die Kennzeichen desselben? Wo hört ein Satz auf, als Hauptsatz gedacht zu sein? Ein oberflächlicher Blick auf die Texte lehrt, daß weder Inversionen noch auch Modi zu Hülfe genommen werden, um in einem Satze, der sich äußerlich als ein Hauptsatz darstellt, die Unselbständigkeit anzudeuten. Wann darf also nach dem Sprachgefühl der alten Zeit ein derartiger Satz als bezogener angesehen werden? Die Entscheidung ist hier oft schwer, und man begegnet im Altfranzösischen häufig genug Reihen von Hauptsätzen, die im Neufranzösischen wie im Deutschen der Periodisierung bedürfen würden, im Altfranzösischen aber als Hauptsätze gedacht sein können. So z. B. im Anfang des Rolandsliedes. Hier die in den Versen der ersten Strophe enthaltenen Hauptsätze als mit dem Gefühl einer Abhängigkeit von einem Hauptsatze gebildet ansehen zu wollen, wie es unserem Sprachgefühl natürlich wäre, und demgemäß zu übersetzen: „Nachdem König Karl, unser großer Kaiser, sieben Jahre in Spanien gewesen war, und . . . . . ꝛc., war keine Stadt zu erobern übrig geblieben außer Saragossa ꝛc." wäre offenbare Willkür. Man könnte in dieser Weise ja wohl ein ganzes Werk nach den Regeln des verstandesmäßigen Stils in eine einzige große Periode umgestalten, in der jeder Satz ein Glied in der logischen Kette bildet, die mit dem Hauptgedanken schließt.

Auch der Stil eines Werkes in altfranzösischer Sprache ist bei der Frage, ob Hauptsatz oder abhängiger Satz gemeint sei, nicht außer Betracht zu lassen.

Im „Rolandsliede", in der „Reise Karls des Großen", im „Gormond" 2c. herrscht ein durchaus anderer Stil als in den bidaktischen Prosawerken des 12. Jahrhunderts, nämlich der im volktümlichen Epos an sich begreifliche und anschauliche Hauptsatzstil, der für die Schilderung von möglichst klar vorzuführenden Ereignissen der nächstliegende ist. Daß oft ein Hauptsatz statt eines nach moderner Auffassung viel natürlicheren Nebensatzes absichtlich gesetzt wurde, zeigen unter anderem identische Sätze, die das eine Mal als Nebensätze ausgesprochen und mit que angeführt werden, das andere Mal, ohne das que zu bedürfen, in Hauptsatzform auftreten. z. B. Rol. 549 Sours est Carles, que nul hume ne crent und 562 bei gleicher Construction und fast gleichem Wortlaut: Sours est Carles, ne crient hume vivant; oder temporal: Rol. 2901 Jamais n'iert jurns de tei n'aie dulur und 2915 Jamais ni'ert jurs que ne plur ne n'en plaigne.*)

Die Bevorzugung der Hauptsatzform mag in jenen Werken aber zum Teil auch in sprachlichem Unvermögen der Verfasser, in Dichtungen endlich auch in dem durch den Vers bedingten Redezwang ihren Grund haben.

Als Kennzeichen eines als bezogen gedachten, formell als Hauptsatz auftretenden Satzes können demnach nur gelten:
1) Unvollständigkeit des Hauptsatzes;
2) Unselbständigkeit und Unverständlichkeit eines Satzes;

Nach dem ersten Criterium ergeben sich folgende einzelne Fälle:
a) Einem Satz fehlt das logische Subject;
b) Das Prädicat des Satzes verlangt ein directes Object;
c) Das Prädicat verlangt eine Ergänzung im Genitiv;
d) Das Prädicat verlangt eine Ergänzung im Dativ;
e) Der Hauptsatz enthält eine Zeitbestimmung, die eine Umgrenzung durch einen Satz erfordert.

Nach dem zweiten Criterium ist ein Satz als abhängig anzusehen, wenn er für eine Thätigkeit:
a) den Grund oder die Ursache angibt; wenn er

---

*) Man vergleiche auch die Sätze, die zur Einführung einer Tirade dienend an die nächst vorangegangene Thatsache anknüpfen und durch: „nachdem" oder „als" passend angeführt würden. Z. B. 193 Li empereres out sa raisun tenie. Li quens Rollanz, qui ne l'otriet mie, En piez se drecet... Als der Kaiser seine Rede beendet hatte, richtete sich Roland auf 2c.

b) eine Bedingung dafür aufstellt; oder

c) eine einräumende, limitierende Bestimmung enthält; wenn er

d) die Folge;

e) den Zweck;

f) die Art und Weise anzeigt, die als eine Thätigkeit begleitend gedacht werden sollen.

Darnach erhalten wir folgende Classen von abhängigen Sätzen:

1. Nebensätze in der Function eines Substantivums oder Nominalsätze:

a) Der Subjectsatz; b) der Objectsatz; c) der Genitivsatz; d) der Dativsatz; e) der Temporalsatz;

2. Nebensätze in der Function eines Adverbiums oder Adverbialsätze:

a) Der Causalsatz; b) der Conditionalsatz; c) der Concessivsatz; d) der Consecutivsatz; e) der Finalsatz; f) der Modalsatz.

In manchen Fällen der letzteren Art ist die Abhängigkeit eines Satzes auch schon äußerlich daraus ersichtlich, daß das Prädicat desselben im Subjunctiv steht, sofern es nämlich auszer gewissen elliptischen Sätzen von Hauptsatzform mit dem Subjunctiv,*) Hauptsätze mit dem Subjunctiv im Französischen nicht gibt.

Wir betrachten nun an der Hand obiger Criterien unsere Quellen hinsichtlich des Vorkommens suborbierter und uneingeführter Sätze, und zwar in der oben angegebenen Reihenfolge.

1. Nominalsätze.

a) Unverbundene Sätze in der Function des Subjectsatzes.

Hieher gehörige Beispiele fehlen in allen Texten.

b) Sätze in der Function des Objectsatzes.

Sichere Fälle unverbundener Sätze in der Function des Objectsatzes finden sich:

α) Nach Verbis sentiendi und dicendi mit oder ohne Hinweis auf den Objectsatz durch ein Demonstrativum: Rol. 764 Quias, le guant me caist en la place; 2297 Co sent Rollanz le veue a perduc; 2366 Co sent Rollanz de sun tens n'i ad plus;

β) Nach Verbis des Wollens und Bittens: Lg. 8, 1 A sel mandat et co li dist a curt fust sempre lui servist; 18, 4 Cio li preia laissas lo toth, Fus li por Deu, ne le fus por lui; 18, 6 Cio li preia

---

*) Es sind dies die gewöhnlich als Hauptsätze aufgefaßten Wunschsätze, und die von einem ergänzbaren Verbum des Wollens abhängen.

paias ab lui; 33. 3 Co li rova et noït et di Miel li fesst dontre qu'el viu; Rol. 3674 Co voelt li reis par amur eunvertisset;

γ) Nach allgemeinen transitiven Verben: Lg. 19, 4 Quandius cio l'demonstrat amix li fust. Rol. 2938 ff. Co duinset Deus, lï filz sainte Marie, Ainz que jo vienge as maistres porz de Sizre, L'anme del cors me seit hoi departie. Daß wir es in dem letztern Beispiele wirklich mit einem abhängigen Satze zu thun haben, darauf deutet schon der Subjunctiv des Verbums hin. Ferner verlangt duinset im Hauptsatz notwendig ein Object und co kann als solches nicht genügen, da es keinen Inhalt hat.

Hingegen kann überall Mitteilung von Worten und Gedanken in directer Rede „beabsichtigt" und nachdrückliche Hervorhebung oder Verdeutlichung von Worten und Gedanken Jemandes bezweckt sein, in folgenden Sätzen, in denen die verstandesmäßige Rede das Abhängigkeitsverhältnis durch que ausdrücken würde.

σ) Nach Verbis sentiendi: Rol. 282 Oit l'avez sur vus le jugent Franc; 314 Co set hum bien, n'ai cure de manace; 784 Bels sire nies, or sachiez veirement, Demi mun host vos lerrai en present; 1923 E or sai bien n'avuns guaires a vivre; Charl. 196 Or veit li patriarches Deus i fait (granz) vertuz;

β) Nach Verbis dicendi: Rol. 612 Co ad jured li Sarrazins Espans*) S'en rereguarde troevet le cors Rollant, Cumbatrat sei a trestute sa gent; 1058 Jo vus plevis, tuit sunt jugiet a mort; Ebenso nach plevir in ähnlichen Wendungen 1069; 1072; 1704; 2674 Marsiliun de meie part nunciez, Cuntre Franceis li sui venuz aidier; 2753 Puis si li dites, n'en irat, s'il me creit; 2759 Jo ai cunte n'ad mais que VII liuees; 2863 D'une raisun oi Rollant parler: Ja ne murreit en estrange regnet Ne trespassast ses humes e ses pers, 3191 Si l' m'at nunciet mes nies li Sulians, X escheles (enuvet) mult granz;**) Charl. 785 Oit le rei Hugun sus en la tur deplaindre Sun tresor li durrat, s'il cunduirat en France, E devendrat sis hoem, de lui tendrat sun regne.

Daß hier die Rede Jemandes wirklich angeführt werden soll, dafür sprechen besonders solche Sätze, in denen der Hauptsatz nachgestellt ist. Rol. 575 Jert i sis nies li cuens Rollanz, co crei; 692 Del rei paien,

---

*) So findet sich Vers 612 in Stengel's Ausgabe; Müller hat: Sur lui jurat li Sarrazins Espans.

**) Dies der Wortlaut bei Stengel; Müller schiebt zwischen Sulians und x escheles ein que ein.

sire, par veir creez, Ja ne verrez cest premier meis passet Qu'il vus
siurat en France le regnet; 2455 La flur de France as perdut, co set
Deus; Charl. 733 .... encantere est, co crei.

Auch Hauptſätze werden ja im Altfranzöſiſchen aſynbetiſch aneinan=
bergereiht, die der verſtanbesmäßige Stil verbinden ober in Form ber
Periobe ausſprechen würde, die aber bann oft eine umſtänblichere con=
junctionale Verbinbung erheiſchen würben, wie: Al. 9, 4 Ensemble en
vont li dui pedre parler Lor dous enfanz volent faire asembler. Der
zweite Vers ſteht hier entweber im Sinne eines Objects zu parler ober
im Sinne eines Cauſalſatzes. Dem Hörer iſt die Wahl überlaſſen.
45, 2 Plorent si oil, ne s'en pot astenir; Rol. 1130 Bataille aurez vos
en estes tuz fiz. Dies geſchieht beſonbers gern, wenn ber eine Satz
eine Zeitangabe für ben anbern enthält, unb die man bei einer Unter=
orbnung mit quand ober lorsque = als anführen würbe. Lg. 20, 1 ff.
Rex Chielperings il se fud mors, Por lo regnet lo sourent toit, Vindrent parent e lor amic etc. Rol. 78 Li reis Marsilies out finet sun
cunseill, Dist a ses humes: Seignur, vus en ireiz .... 1251 Guardet
a terre, veit le glutun gesir, Ne laisserat que n'i parolt, co dit: 1467;
1691; Charl. 398 Li vespres aprocat, li orages remest; 642 Li reis
Hugue le vit, de luin le cuntraliet.

c) Unverbunbene Sätze in ber Function eines Genitivſatzes.
Hierfür ſinb keine Beiſpiele vorhanben; besgleichen für

d) Unverbunbene Sätze in ber Function eines Dativſatzes.

e) Unverbunbene Sätze, von benen ber eine eine Zeitangabe für
ben anbern enthält.

α) Der Zeitraum, in welchem die Hanblung des abhängig gebachten
Satzes vor ſich geht, iſt burch ein Subſtantivum ober Abverbium ber
Zeit im Hauptſatze näher beſtimmt, unb baburch die Beziehung ausge=
brückt. Bezogene Sätze dieſer Art ohne Conjunction ſinb ſelten. Lg. 5, 8
Cio fud lonx tiemps ob se los ting; Rol. 653 Jamais n'iert anz altretel
ne vus face; 2628 Co est en mai, al premer jur d'ested, Tutes ses
hoz ad empeintes en mer; 2901 Jamais n'iert jurns de tei n'aie dulur.

β) Temporal ober eher cauſal iſt auch bas Verhältnis bes mit tant
ohne anberweitige Determination eingeführten Satzes in Rol. 446 Tant
vus avrai en curt a rei portee, Ja ne l' dirat de France l'emperere
Que suls ci moerge. .....

2. Abverbialſätze.

a) Unverbunbene Sätze in ber Function bes Cauſalſatzes.
Für ben Cauſalſatz, ben Conſecutiv= unb Finalſatz haben wir oft

ebenfalls ein sicheres Kennzeichen, um die Abhängigkeit eines unverbun=
denen Satzes von einem Hauptsatze zu ermitteln, in Substantiven oder
Adverbien des Hauptsatzes, die einer Determination bedürftig, dieselbe
in einem unverbundenen Satze erhalten. Die Beziehung des einen Satzes
auf den andern muß hier vom Redenden mitgedacht sein.
Hieher gehörige Causalsätze sind selten.

α) Im Hauptsatze steht ein pronominales Correlat:

Lg. 25, 3 Porro n'exit vol li preier, Quae tot ciel miel laisses
por Deu; Al. 3, 5 Porco l' vos di, d'un son fil voil parler.

β) Der Hauptsatz ist ohne Correlat:

Sichere Fälle fehlen; denn als abhängig können wir einen unver=
bundenen Satz nur dann auffassen, wenn entweder der Hauptsatz ohne
eine Determination unvollständig oder unklar bleibt, oder der unver=
bundene Satz ohne Beziehung auf einen andern unverständlich ist. In
andern Fällen sind asyndetische Hauptsätze vorhanden, zwischen denen ein
causales Verhältnis besteht. Eher als asyndetischer Satz ist daher auf=
zufassen Al. 3, 5 Mais de cel plait ne volsist il nient, De tot en tot
ad a Deu son talent; der zweite Satz enthält zwar eine Begründung
für den ersten, aber beide sind selbständig. Ebenso: 58, 1 Pres sei la
tint, ne la volt demostrer; Rol. 96 Li empereres se fait el balz e liez,
Cordres ad prise e les murs peciez; Wohl auch Charl. 616 . . . . cist
gas valt treis des altres, Vers mun seignur le rei n'i at giens de
huntage.

b) Unverbundene Sätze in der Function des Conditionalsatzes.

Die hier anzuführenden Beispiele stimmen vollständig zu der
gleichen Erscheinung im Neufranzösischen und in andern Sprachen, wo
öfters die Construction mit einer conditionalen Partikel durch Inversion
des Subjectes im Nebensatz mit dem Verbum im Conjunctiv resp.
Conditionalis ersetzt wird. Rol. 391 Seit qui l'ociet, tuit pais puis
avriumes; 899 Fust chrestiens, asez oust barnet; 1102 Fust i li reis
n'i oussum damage; Charl. 327 Car la tenisse en France, e Bertrans
si i fusset, A pels e a martels sereit (ja) escansue. 450 Plous al rei
de glorie de sainte majestet, Charlemaigne misire, l'oust (ja) racatet.
697 Mais faillet une feiz par sa recreantise, Trencherai lui la teste a
ma 'spee furbie. Gorm. 370 La nostre [chose] avenist bien, li quei[s]
de n(o)us idunc venqui[e]st, n'en fu(i)ssent mort tant chevalier ne tant
franc(s) hume(s) detrenchie(z).

c) Unverbundene Sätze in der Function des Concessivsatzes.

Da Concessivsätze in den ältesten altfranzösischen Denkmälern nur vereinzelt vorkommen, so sind hieher gehörige Beispiele kaum zu erwarten. Eher als asyndetische Hauptsätze mit unausgesprochener Adversativpartikel (mais) sind aufzufassen die beiden Zeilen: Lg. 39, $^5/_6$ Entro li talia lo pez de jus, Lo corps etera sempre sus.

Dagegen ist ein constructives Beispiel für die Unbeholfenheit der alten Volksdichter, das gefühlte Concessivverhältnis deutlich zu machen: Charl. 454 ff. Li reis Hugue li Forz n'en at nul bacheler De tute sa maisnice, tant seit forz e membrez, Ait vestut dous et dous helmes fermez Si seit sur un destrier curant (c) sujurnet ..... Si ferrai sus les helmes ..... Trencherai les halbers.

d) Unverbundene Sätze in der Function des Consecutivsatzes.

Hier zeigt das Altfranzösische sich in einem scharfen Gegensatz zum Neufranzösischen. Wenn nämlich im Neufranzösischen der Consecutivsatz durchweg mit einer Conjunction eingeleitet wird, so ist im Altfranzösischen die einfache Nebeneinanderstellung von Haupt- und Nebensatz fast ebenso berechtigt, wie die Verbindung mit que, welche Partikel in früherer Zeit für Folgesätze am gebräuchlichsten war. In den ersten acht genannten Texten finden sich 97 Consecutivsätze mit que und 64 ohne jede Partikel, also etwa ein Verhältnis von 9:6 und diese Art von Sätzen hat sich am längsten erhalten.

Im Allgemeinen steht im Hauptsatze ein Adverbium demonstrativer Natur, zuweilen ein Substantivum oder Adjectivum, wodurch der abhängige Satz als Consecutivsatz schon erkenntlich wird. Eine derartige Determination ist indes nicht unbedingt erforderlich.

1) Der Hauptsatz ist ohne jegliches Correlat. Die Bezogenheit ist nur in negativen Sätzen zu erkennen. Rol. 825 Pitet l'en prent, ne poet muer n'en plurt; Dieselbe formelhafte Wendung 2873; Charl. 257 Ne encuntrent avoegle, ne seit renluminez. Als asyndetische Hauptsätze erscheinen dagegen Lg. 31,1 La labia li restaurat, Sicum desanz Deu pres laudier. Gorm. 97 sur sun helme l'en duna treis, tut l'enclinat encuntre sei; 150 parmi le cors li est sallie, de l'autre part s'en est eissie, fiert un danzel de Lumbardie, am[bs]dous les ad gete[s] de vie *).

2) Der Hauptsatz mit einem demonstrativen Adverb.

a) si: Lg. 31,3 Et banc en aut merci si grand, Porlier lo fist sicum desanz; 37,3 Cil biens qu' el fist ci li pesat, Occidere

---

*) Heiligbrodt schiebt ohne Grund que (ambsdous) ein.

lo commandat; Al. 24,1 Si at li enfes sa tendre charn mudede, Ne l' reconurent li dui serjant son pedre; S'il fut dolenz, ne l'estot demander; 30,3 Dame dist ele, jo ai fai si grant perte, Ore vivrai en guise de tortrele; 44,5; 97,4; 107,3; Rol. 834 Si grant doel ai ne puis muer ne l' plaigne; 3506 Si grant doel ad sempres cuiad murir; Charl. 462 Si jo le lais aler, N'en iert mais receuz par nul hume carnel Tresk'il seit pleine hanste de tere desterez; 467 Si anuit mais vus oi de folie parler, Al matin par sun l'albe vus ferai cungeer, 710 Quant le vit la pulcele, mult est espourie, Purquant si fut curteise, gente parole at dite; Gorm. 54 si l'ad ferud [amund] sur l'helme, la teste en fist voler a destre; 231; 235;

β) tam: Nur im Leobegarlied. Lg. 4,3 Il lo reciut, tam bien en fist, Ab u magistre sempre l' mist; 8,5 Et hunc tam bien que il en fist, De Hostedum evesque en fist; 12,1 Reis Chielperics tam bien en fist, de sanct L. (Letgier) consilier fist; 26,3 Li perfides tam fud cruels, Lis ols del cap li fai creuer.

γ) tant: Rol. 306 Tant par fut bels, tuit si per l'en esguardent; 397 Il l'aiment tant, ne li faldrunt nient; 497 Tant ad erret, n'en est dreiz que plus vivet; 1601 Li cuens le fiert tant vertuusement, Tresqu' al nasel tut le helme li fent; 2800 En cest pais nus sunt tant aprociet, Se vus volez, li repaires iert griefs; 2835 Tant sui jo plus dolenz, Ne pois a vus tenir lung parlement. Charl. 131 Tant out fier le visage, ne l'osat esguarder; 524 Ne(n) iert tant fort l'estache, ne l'estucet brisier E le palais verser, vers tere tresbuchier; 214 L'emperere de France i out tant demuret, Le patriarche prist, si l'en ad apelet; 233 L'emperere de France i out tant demuret, De sa muillier li membret, qu'il (at) oit parler,

3) Im Hauptsatze steht ein auf den Nebensatz bezüglicher Adjectiv- oder Substantivbegriff. Rol. 325 Dunc ad tel doel, pur poi d'ire ne fent; 564 Jo ai tel gent, plus bele ne verreiz; 570 L'empereur tant li dunez aveir, N'i ait Franceis ki tut ne s'en merveilt; 1465 Tantes batailles en avum afinees, Male chancun n'en deit estre cantee; 1467 Quant Franceis veient que paiens i ad tant, De tutes parz en sunt cuvert li camp, Suvent regretent Qlivier e Rollant; 2223 Dunc out tel doel, unques mais n'out si grant; 2634 La sus amunt pargetent tel luiserne Par la noit la mer en est plus bele. *) 2780 De Durendal li dunat un colp tel, Le destre puign li ad del cors sev-

---

*) So die Stelle in Stengel's Text. Mueller schiebt zwischen luiserne und par ein que ein. Man vergleiche auch die Anm. daselbst.

ret; 3904 De Guenelun justise iert faite tel, Jamais n'iert jurz que
il n'en seit parlet; 3979 Tant ad oit e sermuns e essamples, Creire
voelt Deu, chrestientet demandet.

e) **Unverbundene Sätze in der Function des Finalsatzes.**
Derartige Sätze sind im Altfranzösischen sehr selten. Der Modus
ist selbstverständlich durchweg der Conjunctiv.

α) Der Hauptsatz ist ohne Correlat: Al. 58, 1 Tres sei la tint,
ne la volt demostrer, Ne l' reconoissent usqu'il s'en seit alez; Rol. 2934
Amis Rollanz de tei ait Deus mercit, L'anme de tei seit mis en
pareis *).

β) Im Hauptsatz steht ein auf den Nebensatz bezügliches Correlat:
Rol. 1779 Pur ce le fist, ne fust aparissant;

f) **Unverbundene Sätze in der Function des Modalsatzes**
fehlen vollständig.

Zum Schluß sind hier noch einige Beispiele zu erwähnen, wo
ebenfalls zwei bezogene Sätze unverbunden nebeneinander stehen, in
welchen der regierende Satz jedesmal verneint ist, und man also im
Lateinischen die Conjunction quin setzen würde. Hier wird das Relativ=
pronomen vermißt, wie besonders die Sätze zeigen, die ein celui celle
determinieren; bei qui wird die Construction correct. Daß qui in solchen
Fällen im Altfranzösischen gesetzt wird, zeigt Rol. 1814 N'i ad celui
qui durement ne plurt. (Vgl. aber auch S. 70.).

Rol. 854 N'i ad paien, ne l'prit e ne l'aurt. 958 N'i ad celui, al altre
ne parolt; 1836 N'i ad celui, n'i plurt e sei dement; 2294 Ne l'orrat
hum, ne t'en tienget pur ful; 3418 N'en i ad cel, sa lance n'i empleit.

Diez beschränkt (Gram. III, 340) die Nichtsetzung des que auf die
Fälle, 1) wo der regierende Satz ein Verbum sentiendi enthält, und 2)
wo der Subjunctiv im zweiten Satze gesetzt ist. Im zweiten Falle
nimmt er an, daß die grammatische Verbindung der beiden Sätze durch
den Subjunctiv des zweiten Satzes hergestellt sei, wobei er jedoch nicht
anzudeuten unterläßt, daß der Subjunctiv auch bei Anwendung des que
erforderlich wäre.

Die obigen Beispiele zeigen indes, daß die Nichtsetzung des que in
den altfranzösischen Texten weiter ging**), und der Modus Subjunctivus

---

*) So bei Stengel; Mueller hat 2933: Amis Rollanz, si mare fut
ta vie etc.

**) D. h. daß es im Altfranzösischen untergeordnete Sätze ohne que gibt,
die sich nicht unter die von Diez angegebene Regel bringen lassen. Vgl.
auch die Zusammenstellung S. 71.

aber, sofern er niemals Stellvertreter des Indicativs (vgl. Consecutiv= sätze) in den bezogenen Hauptsätzen ist, vermag eine grammatische Be= zogenheit unverbundener Sätze nur dann anzuzeigen, wenn er auf den untergeordneten Satz beschränkt ist. Wäre die Ansicht von Diez richtig, so hätte er eine für die meisten Fälle gültige Regel über die Nichtsetzung des que bereits aufgestellt. (Nach den Verben des Fürchtens im Hauptsatze fehlt übrigens que im abhängigen Conjunctivsatze nie= mals.) Er erkennt jedoch (III, 325) einen optativischen Conjunctiv in unabhängigen Sätzen an, kann daher den Ausdruck der Bezogenheit, mittels des Subjunctivs nicht behaupten. Nach unserer Auffassung, wonach ein Hauptsatz des Wunsches u. s. w. mit dem Conjunctiv eine oratorische Form des untergeordneten Satzes ist, ist aber in der That der Conjunctiv in einem unverbundenen Hauptsatze ein Anzeichen für den bezogen gedachten Satz. Wir erkennen daher in jedem Conjunctiv= satz einen untergeordneten Satz, gleichviel ob er von einem Exponenten der Unterordnung begleitet ist oder nicht.

Zu belegen ist die Nichtsetzung des Exponenten bezogener Sätze lediglich aus den poetischen Denkmälern unsrer Sprache; am häufigsten findet sie sich in den Epen, doch auch in der Alexislegende, dem Leode= garliebe, in Werken, die auch sonst das Gepräge volkstümlicher Rede an sich tragen. Wir werden daher einen echt volkstümlichen Zug der altfranzösischen Syntax im Gebrauche der unverbundenen abhängigen Sätze erkennen dürfen, neben dem ja allerdings der gleichwertige Con= junctionalsatz (s. u.) auch in der volkstümlichen Rede einhergegangen ist. Keineswegs ist der unverbundene abhängige Satz nur dichterisch, denn er ist hinlänglich bekannt aus der Prosa anderer romanischer Sprachen und auch aus französischen Prosatexten. Er dürfte in dem Bedürfnis begründet sein, einen Gedanken, dessen Bezogenheit nicht verkannt werden konnte, in größerer Unmittelbarkeit hinzustellen, um mit ihm einen lebhafteren Eindruck auf den Hörenden auszuüben.

Diez stellt l. c. die unverbundenen romanischen Nebensätze mit den unverbundenen lateinischen Conjunctivsätzen (oro dicas; me ames oportet; s. auch: „Draeger: „Syntax der lateinischen Sprache“. 2. Aufl. II, 2.) zusammen, ohne indes einen Zusammenhang zwischen lateinischer und romanischer Rede zu behaupten. Daß eine Analogie zwischen beiden Ausdrucksweisen besteht, ist nicht zu verkennen; nur ist nicht zu übersehen, daß das Französische und Romanische überhaupt auch einen unverbundenen abhängigen Indicativsatz kennt, der sich sowohl als eine Weiterentwicklung des lateinischen Particips, den Nebensatz unver= bunden hinzustellen, verstehen läßt, als auch als ein Rest von einem im vulgären Latein üblichen aber unbelegten Redebrauch. Denn auch der lateinische uneingeführte Nebensatz (Conjunctivsatz) dürfte der volks= tümlichen und oratorischen Diction angehören; die mir bekannten Stellen in lateinischen Texten sind durchaus dieser Auffassung günstig *). Die lateinische Syntax, die hier zu ergänzen nicht unsere Aufgabe sein kann, hat sich leider die Frage nach Verbreitung und Gebiet des unverbun= denen Conjunctivsatzes noch nicht zum Vorwurf genommen. Ist aber im Lateinischen die Redeform wirklich v o l k s t ü m l i c h (vielleicht im Ro= manischen eine archaische Redeform) gewesen, so dürfte auch sie zum lateinischen Erbe der romanischen Sprachen gehören. Der Schluß ver= liert nichts an seiner Bündigkeit durch den Hinweis darauf, daß auch das Althochdeutsche die Conjunction im abhängigen Satze oft fehlen läßt, denn das Althochdeutsche verhält sich zum Neuhochdeutschen ungefähr ebenso wie das Vulgärlatein zum Romanischen.

*) Diez. 1. c. S. 342 versichert, daß im Mittellatein die Conjunction nur selten fehlt.

Zweiter Teil.

Die Functionen der ererbten lateinischen Conjunctionen in verbundenen untergeordneten Sätzen.

Wie das literarische Latein eine nach allen Seiten hin fein ausgebildete Syntax hatte, so waren auch die Partikeln, die die verschiedenartigen Nebensätze einleiteten, sehr zahlreich, und war die Bedeutung einer jeden genau präcisiert. Vergleichen wir den lateinischen Conjunctionenschatz mit dem französischen, so zeigen sich uns nur sehr spärliche Ueberreste.

Von den lateinischen Vergleichungspartikeln: ut, uti, sicut, velut, próut, ceu, quam, tamquam, quasi, ut si, velut si hat sich in den romanischen Sprachen keine einzige erhalten. Die Concessivpartikeln: etsi, tametsi, etiamsi, quamquam, cum, quamvis, ut sind alle verschwunden. Aus der Zahl der conditionalen Conjunctionen: si, sin, nisi, siquidem, simodo, dummodo finden wir nur si wieder. Die so häufig gebrauchten Consecutivpartikeln: ut, ita ut, ut non, quin, sowie die Finalpartikeln: ut, ne, neve, quo, quominus finden sich im Französischen nicht mehr. Von den causalen Conjunctionen, die eine Unterordnung ausdrücken: quia, quod, cum, quoniam, quando, quandoquidem, siquidem ist nur quando in die romanischen Sprachen übergegangen. Das quod, welches wir im Romanischen wiederfinden, ist ein anderes als das causale quod im Lateinischen. Ebenso sind alle temporalen Conjunctionen wie: cum, ubi, ut, antequam, postquam, dum, donec etc. spurlos verloren gegangen.

Die ursprünglich aus dem Lateinischen gekommenen unterordnenden Conjunctionen beschränken sich demnach auf: si, quomodo, quando und quod. Zweifelhaft ist quam. (s. u.). Hierzu kommen im Lateinischen

2*

noch nicht als Conjunctionen erscheinende Wörter, die in romanischer oder französischer Zeit die conjunctionale Wandlung erhalten und dazu dienen, Nebensätze einzuführen.

Unlateinisch ist der conjunctionale Gebrauch von usque, inde usque (jusque) und intro usque (tresque). Wohl erst französisch ist die Verwendung von ja (jam) zur Einleitung von Nebensätzen. Zur Par= tikel des Hauptsatzes scheint quare (car) geworden zu sein. Ferner wäre noch zu erwähnen die zur Einleitung von indirecten Fragesätzen dienende frühromanische Bildung comment (qua mente).

Allein die Gebrauchsweise all dieser Partikeln weicht schon im Alt= französischen von der lateinischen oft ab, wie wir aus der Betrachtung ihrer Anwendung im Altfranzösischen ersehen werden. Sie haben dort ihre Functionen erweitert, und werden noch zur Verbindung anderer Arten von Nebensätzen gebraucht, als das Lateinische mit ihnen ein= führte, sodaß nicht behauptet werden darf, die römische Volkssprache in Gallien sei auf den Bedingungssatz, den Comparativ= und Temporalsatz beschränkt gewesen.

1. Si.

Si leitet vornehmlich Bedingungssätze ein und steht auch für die neufranzösischen Formeln: posé que, supposé que, au cas que, en cas que etc.; außerdem versieht es die Stelle concessiver und temporaler Partikeln des Nebensatzes, wenn auch selten.

a) si ist conditional: Eide. Si Lodhuwigs sagrament, que son fradre Karlo jurat, conservat, et Karlus meos sendre de sua part non los tanit, si io retornar non l'int pois, ne io ne neuls cui eo returnar int pois, in nulla ajudha contra Lodhuwig nun li iver. Val. 21 e io ue dolreie de tanta millia hominum, si perdut crent. Al. 12,5 Se lui en remaint, si l'rent as poverins; 31,1 s'od mei te vols tenir, Si t' guarderai por amor Alexis; 41,2; 41,3; 41,5 etc. Rol. 40 S'en volt ostages, e vos l'en enveiez; 74 Par vos saveirs, se m' puez acorder, Jo vus durrai or e argent asez; 87; 119; 258; 279; 316; 459; 492; 519; 577; 613; 657; 691 etc. Charl. 23 Si Franceis le me dient, l'otreierai-jo bien; 24 Se vus m'avez mentit, vus cumperrez chier; 34; 52; 68 ; 150; 160; 216; 313; 322 etc. Gorm. 31 se il creust Deu le poant s'est escric[s] haut en oant; 215; 305; 427; 532; 541; 638; L. Psalm 26,5 Si parmainent encuntre me herberges, ne crendrerat mes cuers. 40,6 E si il entrot pur ce que il veist, vaines choses parlot. 43, 22; 49, 13; 49, 19; 54, 12; etc. Quat. liv. 1, 1, 11 si fust tun plaisir que veisses ma miscrie . . . . . que par ta pitied eusse fiz, durreie-le tei a tun servise; 1, 1, 28 Se il te

plaist, receif l'enfant que servad Deu des ore en avant 1, 2, 25;
1, 3, 9; 1, 3, 17; 1, 5, 8; etc. Dial. 1, 7, 1 Mais ia les choses ki
parleies sunt miez demosterrai, se ge les choses ki sont dites par
demandise et par responsion deuise par lo soul deuant escrisement
des nons; 1, 21; 12 Gieres soit enuoiez, si ce uos plaist, ki za celui
presentet etc.

Mit ber Negationspartifel ne ſteht si gleich bem lateiniſchen nisi
= nfrz. sinon reſp. sinon que. Rol. 273 N'en parlez mais, se jo ne
l' vus cumant; 433 Se ceste acorde otrier ne vulez, En Sarraguce
vus vendrat aseger; 475; 1432 N'i ad clartet, se li ciels nen i fent;
Al. 12,5 S'or ne m'en fui, molt criem que t'en perde; Gorm. 14 s'il
lor(e)s ne juste a lui (a)en c[h]amp, dunc se t[i]endra pur recreant;
117 si lors ne vait a lui juster, dunc se t[i]endra pur afole; 582 de
nus Franceis i fist asart, cui il cunsuit, ne s'en ala, cui il feri, puis
ne parla, se Damne deu[s] nel suscita; 606; L. Psalm. 7,13 Si vus
ne serrez convertit, sa espede crollerat; 18,14 Si il sur mei ne seig-
nurerunt, dunc serai nez, e serai mundez de tres-grant forfait. Quat.
livr. 1, 13, 13, E si tu ne l'ouses fait, Deu apareillast tun regne sur
Israel parmanablement; Dial. 1,12, 16 En nule maniere ne t'en iras,
se tu n'auras susciteit mon filh; 1, 18, 11; 1, 23, 11; 1, 23, 23;

b) Zuweilen finden wir auch ben Nebenſatz mit si eingeleitet,
obgleich ber Inhalt bes Nebenſatzes verwirklicht iſt, eine Conſtruction,
bie im Neufranzöſiſchen ziemlich häufig iſt, in ber ältern Zeit aber nur
in gelehrten Tepten vorfommt. Derartige Säße haben ben Character
eines Conceſſivſaßes. Lg. 29,1 Se cil non ad lingua parlier, Deus
exaudit li sos pensaez. 29,3 Et si el non ad d'ols carnels En corp,
los at el spiritiels. 29,5 Et si en corps a grand torment, L'anima
n'auvra consolament.

c) si leitet einen temporalen Nebenſatz ein: L. Psalm. 7,4 Si je
rendi guerredunanz a mei males choses, deschiede par desserte de
mes enemis vains . . . . . . 12,5 Chi tribulent mei s'esleecerunt, si
je serai esmout; 49,13 Si je fameillerai, n'el dirrai a tei. Ueberhaupt
ſind grabe bie L. Psalm. in bem Gebrauche ber Partifel si ungemein
frei, waß in ber eigentümlichen Saßbilbung ber lateiniſchen Vorlage
begründet iſt.

d) Wie ſchon im Lateiniſchen si als bißjunctive Partifel in ber
inbirecten Frage gebraucht wurbe, ſo ſteht es auch in berſelben Be=
beutung noch im Altfranzöſiſchen, unb zwar in ſolchen inbirecten Frage=
ſäßen, in welchen ber Saß überhaupt ober bie Richtigfeit ber Verfnüp=
fung beß Subjectes mit ſeinem Präbicate in Frage geſtellt wirb; alſo

entſprechend dem deutſchen „ob". Al. 95,4 E tantes feiz por tei en
loinz guardet, Se revenisses ta 'spose conforter Rol. 423 Par lui orrez
si aurez pais u nun; 2103 Mais savcir volt, se Charles i vendrat;
2981 Encoi verrum, se tu as vasselage; 3179 Mult me merveilt, se
ja verrum Carlun. Charl. 519 Or gaberat Ogiers, Li dux de Dene-
marche, tant se poet travaillier; 734 Or voil saveir des altres, si
mencunge est u veir; 737 E voil saveir des altres s'il ferunt altresi;
758; L. Psalm. 13,3 Li Sire del ciel csguardet sur le filz des humes,
que il veiet si est entendanz u requeranz Deu; 138, 23 E veies si
vcie de felunie en mei est, e demeine-mei en veie parmanable. Quat.
liv. 1, 6, 5 E rendrez loenge e glorie al halt Deu de Israel, si par
aventure volsist relascher sa main, ki tant est dure; 1, 9, 11 enquis-
trent se li prophetes i fust; 1, 10, 22; 1. 11, 3; 1, 22, 3; 1, 22, 17;
1, 23, 2; 1, 30, 8, Dial. 1, 7, 7 . . . . ke nos ne sauons se eles
faites sont u non; 1, 10, 17 Mais ie te proi ke tu dies a moi, se
iciz si granz peires laissat alcun disciple siwor de soi.

2. Quand.

Quand = lat. quando, bie einzige urſprünglich temporale Con=
junction, welche in bie romaniſchen Sprachen überging, hat ſich in ihrem
Gebrauche auf alle Arten temporaler Nebenſätze ausgebehnt. Zu bem
temporalen Gebrauche von quand tritt bann beſſen Anwendung in an=
bern Nebenſätzen, bie mit temporalen in engem Zuſammenhange ſtehen.
Es vertritt lateiniſches quando, quum, postquam, temporales ubi, si
unb quia.

Neben bem einfachen quand· treten im Altfranzöſiſchen auch Zu=
ſammenſetzungen mit quand auf, bie inbeſ nur ben Zweck haben, bie
einfache Partikel zu verſtärken, unb im mobernen Franzöſiſch wieber
verſchwunden ſinb.

a) Quand im Temporalſatze.

In urſprünglicher temporaler Bebeutung iſt quand im Altfranzö=
ſiſchen viel häufiger als im Neufranzöſiſchen, weil bie ihm in ber
heutigen Sprache zur Seite ſtehende Conjunction lorsque ſich erſt lang=
ſam im Altfranzöſiſchen einbürgerte. (ſ. u.) Zu quand tritt aber noch
comme in gleicher Bebeutung, jeboch in ſeltenerer Verwendung, wie
wir im Folgenden ſehen werden. In verſchiebenen Denkmälern finbet
ſich comme = „als" ſehr ſelten, in einigen niemals. (z. B. Dial.
Greg.)

Das temporale quand bient zur Einleitung eines Abverbialſatzes,
welcher in allgemeiner Weiſe einen burch eine Thätigkeit characteriſierten

Zeitpunct angibt, auf den eine gegenwärtige, vergangene oder zukünftige Thätigkeit bezogen wird, und welcher selbst einer der drei Zeitsphären angehören kann. Die Thätigkeiten des Haupt= und des Nebensatzes können gleichzeitig oder ungleichzeitig fein.*) Im Deutschen gebrauchen wir für dieses quand meistens „als" oder „wann".

α) Die Thätigkeiten des Haupt= und Nebensatzes sind gleichzeitig: Lg. 3, 1 Quant infans fud donc a ciels temps, Al rei lo duistrent soi parent; 14, 1 Quant ciel irae tels esdevent, Paschas furent in eps cel di. Sonst steht im Leodegarlied durchweg cum in derartigen Temporal= sätzen. Dasselbe gilt vom Fragment von Valenciennes, wo sich nie quand in temporalem Sinne findet. Al. 8, 2 Quant veit li pedre que mais n'avrat enfant . . . . . or volt que prenget muilier a son vivant; 10, 2 Quant vint al faire, donc le font gentement; 11, 1; 13, 1; 15, 1; 20, 1; 20, 3; 21, 3; 34, 1; 40, 3; 45, 1; 78, 1; 92, 3; 112, 2; 113, 2; Rol. 51 Quant cascuns iert a sun meillur repaire, Carles serat ad Ais a sa capele, A saint Michiel tendrat mult halte feste; 151 Quant vus serez el palais seignurill A la grant feste seint Michiel del Peril, Mis avoez la vus siurat, co dit; 142; 323; 324; 442; 514 Jo vus ai fait alques de legerie, quant pur ferir vus demustrai grant ire; 745; 770 . . . ne l' me reproverunt Que il me chieded cum fist a Guenelun Vostre guanz destres, quant recut le bastun; 977; 978; 1077; 1110; 1196; 1219; 1537; 1708; 1716; 1928; 1932; 2030 Quant tu ies morz, dulur est que jo vif; 2082; 2083; 2124; 2215, 2222; 2319; 2447; 2481; 2845; 2870; 2975; 3006; 3452 kann tem= poral und causal aufgefaßt werden, weil Vorzeitigkeit und Ursache sich berührende Begriffe sind; Mult ad grant doel Carlemagnus li reis, quant duc Naimun veit ñafret devant sei; 3533; 3612; 3644; 3728; 3815; 3934; 3988; Charl. 15 Uncore en sai jo un ki plus se fait legier, Quant il portet corune entre ses chevaliers; 16; 17; 30; 141; 172; 232; 239; 248; 383; 443; Einem Causalsatze nahe stehend ist auch 466: Que fols fist li reis Hugue, quant vus prestat ostel. Es kommt hier nicht auf die Zeit der Handlung, sondern auf die Handlung selbst an, welche als „thöricht" bezeichnet wird. 497; 534; 572; 583 und 584; 618 Quant li cunte unt gabet, si s'en sunt endormit. Einen zu 466 ganz analogen Satz haben wir 630 Carles at fait folie, Quant il gabet de mei par si grant legerie; 638; 648; 655; 661; 686 Quant turnastes de nus grant ultrage feistes; 709; 788; 849; 865; Gorm. 5 Quand il ot mort le bon vassal, ariere enchaca le cheval; 37;

---

*) Vgl. Mätzner: Syntax. II § 398.

61; 81; 83; 100; 134; 157; 160; 1?8; 225; 302; 333; 360; 420;
501; 560; L. Psalm. 9, 1 Quant je apeloue, Deus de la mei justise
me oit; 9, 2; 9, 33 En sun laz le humilierat, enclincrat sei, e carrat
quant il seguerrat des povres; 100, 2; Quat. liv. 1, 2, 19 E Anna as
jurs asis, quant od sun marid i repaira de vesture le regarda; 1, 2,
33; 1, 4, 18; 1, 6, 20 e quel part en irrad, quant de nus partirad;
1, 7, 12; 1, 8, 9; 1, 9, 13; 1, 10, 12; ꝛc. Dial. 1, 5, 7 Gieres cant
ge mult affliz el longement tauz sevi ilokes, dunkes fut avoc moi mes
tres ameiz filz Pieres li diakenes. 1, 6, 3 und 4; 1, 6, 6; 1, 6, 9;
1, 6, 11; 1, 6, 18; 1, 6, 21 ꝛc. Comp. 231 Quant Deus fist creatures
De diverses mesures, Tutes at muns posez Sulunc lur qualitez; 261;
269; 378; 385; 387; 446 ꝛc.

2) Die Tempora im Haupt= und Nebenſaß ſind verſchieden: Hier=
her gehörige Beiſpiele ſind in den älteſten franzöſiſchen Denkmälern ver=
hältni#mäßig ſelten.

α) Im Nebenſaß das erzählende Perfect und im Hauptſaße ein
Präſens: Rol. 2314 Quant il co vit que n'en pouet mie fraindre, A
sei meisme la cumencet a plaindre; 3640 Quant ele vit Arrabiz si
cunfundre, a voiz s'escrie: Aiez mis Mahumes 1940;

β) Im Nebenſaß das erzählende Perfect und im Hauptſaß
eine Zeit der Vergangenheit: Rol. 333 Quant le dut prendre, si li
caït a terre, 499 Quant l'oït Guenes, l'espee en ad branlie; 751
Li cuens Rollanz, quant il s'oït jugier, dunc ad parled a lei de
chevalier;

γ) Im Nebenſaße ſteht ein Passé indéfini und im Hauptſaße
ein Passé défini Rol. 3975 Quant l'empereres ad faite sa venjance,
Si 'n apelat les evesques de France, Cels de Baviere e icels d'
Alemaigne.

δ) Im Nebenſaße das hiſtoriſche Praesens und im Hauptſaße eine
Zeit der Vergangenheit, gewöhnlich ein Passé défini ſelten ein Passé
indéfini: Rol. 601 Quant l'ot Marsilies, si l'ad baisiet el col; 2343
Quant veit li cuens que ne la fraindrat mie, Mult dulcement la plainst
a sei meisme. 2476 Quant Carles veit que tuit sunt mort paien, Alquant ocis e li plusur neiet . . . . . Li gentilz reis descenduz est a
piet, Culchet s'a terre, si 'n ad Deu graciet; 3780 Quant Guenes veit
que ses granz plaiz cumencet, de ses parenz ensembl' od lui out trente;
3850 Quant veit Tierris qu'or en iert la bataille, Sun destre guant en
ad presentet Carle; 761 Quant ot Rollanz qu'il iert en rereguarde,
Jreement parlat a sun parastre. Mehr als drei Viertel aller Temporal=
ſäße obiger Art werden mit quand eingeleitet.

b) Quand im Conditionalſatze.

Wir haben unter si geſehen, daß dieſe eigentlich conditionale Par=
tikel zuweilen zur Einleitung eines temporalen Nebenſatzes gebraucht wird,
und zwar in derſelben Bedeutung wie quand. Umgekehrt kann quand
aus ſeiner allgemein temporalen Bedeutung, die ihm vorzeitige Ereig=
niſſe anzeigen läßt, in eine conditionale übergehen, da ein vorzeitiges
Ereignis die Bedingung für ein anderes ſein kann. Der Temporalſatz
geht in einen Bedingungsſatz über, wenn ſeine Handlung nicht mehr zu=
fällig zu gleicher Zeit wie die des Hauptſatzes vor ſich geht, ſondern
„notwendig“ zu derſelben Zeit oder vor derſelben geſchehen muß. Der
Nebenſatz wird dadurch bedingend, ohne dabei vollſtändig ſeine temporale
Bedeutung einzubüßen. Im Lateiniſchen hat quando dieſe Verwendung
nicht. Derſelbe logiſche Wechſel bietet ſich aber auch in den andern
romaniſchen Sprachen, ſowie im Griechiſchen und Deutſchen dar, wo
„wenn“ und „wann“ beide ſowohl im hypothetiſchen wie im temporalen
Sinne gebraucht werden. Im Altfranzöſiſchen ſtehen ſolche mit quand
eingeleiteten Bedingungsſätze oft auch einem Cauſalſatze ziemlich nahe,
ſodaß zuweilen beide Auffaſſungen möglich ſind. Al. 30, 5 Quant n'ai
ton fil, ensembl' od tei voil estre; Rol. 222 Quant co vus mandet li
reis Marsiliun Qu'il devendrat juintes ses mains vostre hum..., Qui
co vus lodet que cest plait degetuns, Ne li chalt, sire, de quel mort
nus muriuns, 239 Quant il vus mandet qu' aiez mercit de lui, Pecchiet
fereit qui dunc li fesist plus; 251 Alez sedeir quant nuls ne vus su-
munt; 339 Quant aler dei, n'i ai plus que targier; 2305; 2411 De co
cui chielt, quant nuls n'en respundiet; Charl. 168 Quant Deu venistes
querre, estre vus (en) deit mielz; 541 Voluntiers dist li coens, quant
vus le m'otreiez; eine ähnliche formelhafte Wendung auch 554; 580;
601 Quant le savrat li reis, grains (en) iert e mariz; 628; Gorm. 238 La
l'eust mort icist acertes, quand l'i tolirent genz averse; 282 Jan eust
mort le rei Gormund, quand un[s] Jreis saut entre dous. Dial. 1, 6,
3 und 4; 1, 6, 9; 1, 6, 15; 1, 16, 15; 1, 20, 18; 1, 44, 4.

c) Quand im Cauſalſatze.

Wenn die Handlung des temporalen Nebenſatzes ſo eng mit dem
Hauptſatze verbunden iſt, daß die Handlung des letztern als Ausfluß der
des erſtern erſcheint, ſo geht der Temporalſatz in einen Cauſalſatz über.
Dieſen Uebergang zeigt das Altfranzöſiſche wie ſchon das Lateiniſche
ziemlich häufig; im Neufranzöſiſchen dagegen iſt dieſe Anwendung des
temporalen Nebenſatzes faſt vollſtändig verloren gegangen.*) In andern

---

*) Vgl. Mätzner: Syntax II, 127. •

romanifchen Sprachen findet man dieß noch heute. Rol. 289 Or irez
vus certes, quant jo l' cumant; Gorm. 399 a bien petit que il ne
chiet, quand sur le col del bon destrier s'est retenu[s] li rei[s] preisie[r];
Dial. 1, 7, 24 . . . . . ie les raconte senz dotanze par l'exemple de la
sainte auctoriteit, quant ce estat a a moi plus cheir ke la lumiere, ke
Marcus et Lucas n' aprisent pas par veue, mais par vie l'evangile, cui
il descrissent; 1, 18, 12 Mais quant li si granz peires ne fut pas pre-
senz, si n'oseuet alcuns des moines venir en l'assembleie des virgines . . . .
1, 49, 4 Mais por coi disons nos de sa uie pluisors choses, quant nos
ioskes a or al cors de celui tenons tan[z] ensengemenz de vertuz?
Comp. 110 Mais cuit qu' alquant dirrunt Ki puint de sens avrunt
Qu'en vain me travaillai, Quant cest livre ordenai.

Zu den temporalen Conjunctionen gehören auch: usque, tresque,
jusque, die anzeigen, daß in den Endpunct der Handlung des Haupt=
faßes das im Nebenfaß angegebene Ereigniß fällt: biß, biß daß.

usque = der lat. Präpofition usque ift ein Archaismus des Fran=
zöfifchen, der nur durch die bekannten zwei Stellen aus der Paffion 96
2—3 und Al. 58, 2 belegt ift.

4. Tresque.

Tresque = intro usque (f. Diez Et. W. IIc jusque) eigentlich Prä=
pofition mit noch zu erklärendem Uebergang der präpofitionalen zur con=
junctionalen Bedeutung (vgl. das deutfche biß) ift nur im Rol. und
Charl. belegt. Rol. 162 La noit demurent tresque vint al jur cler;
3849 Fait cels guarder, tresque li dreiz iert faiz; Charl. 57 Ja n'en
prendrai mais fin, treske l'avrai veut; 75 Ja ne m'en turnerai treske
l'avrai trovet; 236; 464; 704; 770; . . . . Ke n'en purai descendre
tresk'il cumanderat.

Gleichbedeutend ift das urfprünglich ebenfalls präpofitionale

5. Jusque.

Jusque = de usque (Diez: E. W. IIc) oder von der lat. Verbin=
dung inde usque ftammend, wird durchweg wie tresque, den Endpunct
der Handlung des Hauptfaßes bezeichnend, gebraucht. Al. 121, 3 Ensemble furent jusqu'a Deus s'en ralerent; Rol. 1838 E prient Deu que
guarisset Rollant jusque il viengent el camp comunement; 2439 Jo
vus defend que n'i adeist nuls hum, jusque Deus voeille qu'en cest
camp revengum; 2663; 3588; Quat. liv. 1, 1, 22 Kar al tabernacle ne
volt returner jesque liu fust del enfant a Deu presenter, que a rema-
nance i poust ester; 1, 6, 12; 1, 9, 13; 1, 10, 8; 1, 14, 9; 2, 2,
24; 2, 17, 22; 2, 19, 24.

6. Comme.

Comme = lat. quomodo, ift feiner Zufammenfetung aus quo und modo nach = „auf welche Weife" oder „wie" urfprünglich eine modale Conjunction und in diefem Sinne wurde es im Lateinifchen allein gebraucht.

Von diefer eigentlichen Bedeutung aus hat comme im Franzöfifchen feine Function auch auf andere, dem modalen Nebenfat verwandte Säte, befonders auf die Temporalfäte ausgedehnt.

α) In erfter Linie dient comme dazu, einen Nebenfat anzuknüpfen, welcher die qualitative Gleichheit oder Aehnlichkeit bezeichnet. Diefe Aehnlichkeit oder Gleichheit wird oft im Altfranzöfifchen durch ein be= monftratives adverbiales Correlat im Hauptfate noch mehr hervorge= hoben. Im Allgemeinen ift diefer Gebrauch im Neufranzöfifchen ver= fchwunden, wenngleich diefer fehr natürlich und auch in andern Sprachen gewöhnlich ift.

a) Ohne Correlat im Hauptfate: Val. 26 . . . . liberat de cel peril quet il habebat decretum que super els mettrciet. Cum potestis ore videre et entelgir . . . . und 27 chi s'il feent cum faire lo dcent e cum cil lc fifient dunt ore aveist odit. Al. 1, 4 Ja mais n'iert com fut as anceisors 17, 4 Mais jo ne sai, com longes i converset; 25, 5 Ne vos sai dire, com il s'en firct liez. 108, 2; 119, 2; 122, 5; Rol. 210 Faites la guerc, cum vus l'avez enprise; 427; 765; 769; 1037; 3537; L. Psalm. 65, 2 Dites a Deu cum es-powentables sunt les tues ovres Sire; 65, 15; 77, 7; 102, 13; Quat. liv. 1, 2, 22 Hely esteit lores de grant eded, e oï asez cume ses fiz se cunteneient. 1, 2, 25; 1, 6, 2; 1, 6, 6; 1, 12, 12; 1, 12, 16; 1, 14, 29 2c. Dial. 1, 27, 19 Quar com faiz cascuns ahier soi mcismes atapist, cc proeuent les aportcies laidenges. In den Dialogen fteht in den meiften Fällen ein Correlat bei der Conjunction. Comp. 14 Or ocz sun sermun Cum lc met a reisun; 466; 540; 568;

β) Mit einem adverbialen Correlat im Hauptfate: si: Al. 108, 2 Onques en Rome ncn out si grant ledice, Com out le jorn as povres et as riches; Gorm. 647 si veirement cum ceo feis, si aiez vus de mci merci. Quat. liv. 1, 17, 55 Si veirement cume tu vifs, jo ne l' sai; 1, 19, 6; Dial. 1, 6, 21 La haltesce des queiz cant jc regarde, si conois, com bien ge meismes gis en tres basses choses;

issi: Rol. 607 Issi seit cum vus plaist: Charl. 741 Se issi ne la jetet cum il erseir le dist, Trencherai lui la teste a mun brant acerin; Dial. 1, 38, 17 . . . si trouat manes cn son sain doze besanz cnsi splendianz, com il en cele meisme hore fussent del fou fors trait; 1,

44, 16 Ensi est, com dit est; Comp. 390 Eissi est par nature, Cum veez sa figure;

Zuweilen finden wir ein substantivisches ober abjectivisches tant als Correlat: Rol. 76 Jo vus durrai or e argent asez Terres et fiez tant, cum vus en vuldrez; 3631 Cascuns i fiert tanz granz colps, cum il poet; Charl. 223; 315; 383;

Auch das durch mente noch erweiterte ainsi tritt auf als ensement in den L. Psalm. und zwar unmittelbar vor comme: L. Psalm. 1, 3 Et iert ensement cume le fust qued est plantet dejuste les decurs des ewes; 41, 1 Ensement cume desirret li cers as fontaines des ewes, eissi desirret la meie aneme a tei. Im letzten Beispiele haben wir zugleich eine Verdoppelung des demonstrativen Correlats, was in allen romanischen Sprachen, sogar im Lateinischen vorkommt.

Steht im Hauptsatze ein transitives Verbum, so ist der Modalsatz zugleich Objekt zu demselben, und in dem Falle kommt es zuweilen vor, daß das demonstrative Pronomen ce als grammatisches Object im regierenden Satze verwandt wird: Al. 77, 1 E co lor dist com s'en fuit par mer e com il fut en Alsis la citet e com l'imagene Deus fist por lui parler; Comp. 309 E ço dirrum el livre, Se Deus nus dunet vivre Cum la lune est vaillant A tute rien vivant.

Ein auf comme bezügliches Adjectivum tel finden wir Comp. 466 Art est de tel baillie, Cum est guarmenterie;

b) Comme in temporaler Bedeutung:

Wir haben schon unter quand auf die Verwendung von comme in Temporalsätzen hingewiesen und beide Partikeln in Bezug auf ihren Gebrauch im Altfranzösischen mit einander verglichen. Im Neufranzösischen ist dieser im Altfranzösischen häufige Gebrauch von comme im Sinne von quand im Verhältnis zu der ältern Sprache sehr beschränkt. Der Uebergang des mit comme eingeleiteten Modalsatzes in einen temporalen ist nicht nur gemeinromanisch, sondern findet sich in fast allen andern Sprachen. Im Lat. wird ut in gleicher Weise temporal gebraucht und das deutsche „wie" für „als" ist ziemlich häufig. Ja sogar unsere beliebteste Partikel in Zeitsätzen „als" hatte ursprünglich modale Bedeutung. Im Altfranzösischen wird comme in ausgedehntester Weise auf das temporale Gebiet übertragen und wird dort ganz gleichberechtigt wie im Neufranzösischen quand und lorsque gebraucht. In manchen Fällen kann man die modale Bedeutung noch erkennen.

α) Die Handlung des Nebensatzes ist gleichzeitig mit der des Hauptsatzes: Val. 5 cum il faciebat de perditione Judaeorum . . . . . flevit

super Hierusalem . . . . . Lg. 15, 6 Cum il vit les meis a lui ralat;
32, 1 Et Evruins, cum il l'audit, credere ne l' pot antro que l' vid;
32, 3 Cum il lo vid, fud corroptios; 37, 1 = 32, 1; Al. 12, 1 Com
veit le lit, esguardet la pulcele, donc li remembret de son scinor ce-
leste; Rol. 1643 Cum il le vit, a ferir le desiret; 2336; 2692; 2709;
2827; 3329; Charl. 119 Cum il vit la caerc, icele part s'aprocet; 130;
171; 188; 223; L. Psalm. 80, 5 Testimonie en Joseph posa ice, cum
il eissist de la terre d'Egypte; 106, 6; 119, 1; 119, 6; 123, 1; Quat.
liv. 1, 4, 2 Cum il furent asemble, le pople de Israel tost turnad a
fuie; 1, 4, 5 E cume l'arche vint en l'ost, li poples Deu duna un
merveillus cri, que tute la terre rebundi, 1, 4, 18 Cume eil out l'arche
numee, Hely erranment de la sele u il sedeit envers chai; 1, 4, 19 2c.

β) Im Haupt= und Nebenſatze ſtehen verſchiedene Zeiten: Wenn
im Haupt= und Nebenſatze daſſelbe Tempus ſteht, bient comme zunächſt
dazu, allgemein einen Zeitraum anzuzeigen, in welchem eine Handlung
vor ſich geht. Es erweiterte dann aber ſeine Functionen und ſteht auch
da, wo man im Neufranzöſiſchen eine einen Zeitpunkt genau beſtimmende
Conjunction ſetzen würde wie: sitôt que, aussitôt que, tantôt que u. a.

Steht im Hauptſatz und Nebenſatz verſchiedenes Tempus, ſo iſt auch
hier der Gebrauch von comme viel allgemeiner als im Neufranzöſiſchen,
und es leitet alle Arten von Nebenſätzen ein, deren Handlung der des
Hauptſatzes vorausgeht, ohne Rückſicht darauf, welcher Art das Ver=
hältnis der Aufeinanderfolge ſei:

Lg. 5, 1 Et cum il l'aut doit de ciel art, rendet qui lui l'o co-
mandat; 22, 5 Cum fulc en aut grand adunat, lo regne prest a deva-
star, 26, 5 Cum si l'aut fait mis l'en reclus; 27, 3; 39, 1; Rol. 1944
Sun cumpaignun cum il l'at encuntret, Si l' fiert amunt sur l'helme
a or gemet; 3110 haben wir im Hauptſatze noch ein verſtärkendes si:
Cum ad ored, si s' drecet en estant: Daß si und comme in eine Con=
junction verſchmolzen in Zeitſätzen auftreten, werden wir im 3. Teile
dieſer Abhandlung ſehen. Charl. 58 L'emperere de France, cum il fut
curunez E out faite s'offrende a l'alter principal, A la sale a Paris
si s'en est returnez; 238; 415; 827;

γ) Auch um anzuzeigen, daß eine Handlung ſich unmittelbar
an eine andere anſchließt, gebraucht man im Altfranzöſiſchen comme,
entſprechend dem neufranzöſiſchen dèsque: Lg. 7, 6 Cum il l'audit, fut
l'inamet; 3698 E cum il est en sun palais halcur, Par ses messages
mandet ses jugeurs, Baiviers e Saisnes . . . . . .

Mit dem Futurum in der Bedeutung „ſobald als“: Rol. 2910
Cum jo serai a Loun en ma chambre, De plusurs regnes vendrun

li hume estrange; ähnlich 2917 Cum jo serai a Ais en ma chapele, Vendrunt li hume demanderunt noveles; Charl. 573 Quant li pluns iert tuz pris e rasises les undes, Cum il iert bien serez, dunc me verrez escurre. In diesen letzten Beispielen steht comme seiner ur= sprünglichen Bedeutung noch am nächsten, und wir würden es genau mit „so wie" wiedergeben können.

c) Wie das conditionale si auch zur Einleitung von Zeitsätzen diente, so auch temporales comme zur Einleitung eines Bedingungssatzes: L. Psalm. 16, 17 Je serai saulet, cum apparistrat la tue glorie; 118, 6 Lores ne serai-je confundu, cum je par esguarderai en tuz les tuens comandemenz; Val. 18 ist cum auch als conditional aufzufassen, ob= gleich eine temporale Bedeutung nicht ganz ausgeschlossen ist. Car co videbant per spiritum prophete que cum gentes venirent ad fidem . . . . . . `si astreient li Judei perdut si cum il ore sunt.

d) In den L. Psalm. leitet comme einige Male einen Satz ein, der eine Gleichzeitigkeit ausdrückt, wo im Neufranzösischen verschiedene Conjunctionen gebraucht werden können. Dem comme ist dann jedes= mal ein temporales Adverbium beigefügt; es gibt das „quamdiu" des Originals wieder: 103, 34 canterai al mien Deu cume lunghement je sui; 145, 1 je loerai le Segnor en ma vie, je canterai al mien Deu cume lunghement je serai. -

e) In den L. Psalm. scheint comme einige Male causalen Charakter zu haben: 70, 27 Maisnedes la meie langue tute jurn purpenserat la tue justise, cum confus e redute serunt chi querent mals a mei; (quia im Original). 118, 32 La veie de tes comandemenz je curi, cum tu essamplas mun cuer; (quoniam in der Vorlage.). 118, 171 Forsme= trunt les meies levres loenge, cum tu ensegneras mei les tues justi= ficaciuns. (enim in der Vorlage.).

f) Disjunctive Bedeutung = „ob" hat comme einmal Val. 8. . . . . . e si sist contra orientem civitatis e si avardevet cum deus per scrcm . . . . . [a]streiet u ne fereiet.

Aus den angeführten Beispielen ergibt sich, daß nur die gelehrten Texte comme in anderem als comparativem und temporalem Sinne verwenden, während die populären Dichtungen es nur in jenen Be= deutungen kennen. Diese vielseitige Verwendung von comme in den gelehrten Texten zeigt so recht die Hilflosigkeit der alten Sprache, ge= wisse Satzverhältnisse auszudrücken, und da ihr die lateinischen Con= junctionen für gewisse Verhältnisse vollständig verloren gegangen waren, so suchte man diesen Mangel durch Anwendung einer Partikel von einer gewissen Vieldeutigkeit und Unbestimmtheit zu ersetzen.

Vergleichen wir nun die ältesten französischen Sprachdenkmäler in Bezug auf den Gebrauch des temporalen quand und der Conjunction comme in demselben Sinne, so erhalten wir folgendes Resultat:

a) Das Al. hat durchweg quand und nur einmal 12, 1 findet sich comme;

Dasselbe gilt vom Rol. in welchem sich comme = quand nur 11 mal findet, dagegen 60 mal temporales quand;

Im Charl. ist quand die Regel; 27 mal steht quand in der Bedeutung „als", während comme sich als Conjunction in temporalen Sätzen verschiedener Art nur 9 mal findet.

Im Gorm. findet man nur quand, niemals comme in der gleichen Bedeutung.

Auch im Comp. ist quand Regel.

b) Quand in temporaler Bedeutung findet sich im Val. nicht, dagegen 1 mal comme in dieser Bedeutung.

Im Lg. steht quand 2 mal, dagegen 11 mal comme und zwar nur temporal, niemals in modalem Sinne.

Regel ist comme in Temporalsätzen in den L. Psalm; wo fast durchweg comme gebraucht wird und sich nur 4 mal quand findet.

In den Quatr. liv. stehen quand und comme nebeneinander, indes ist comme gebräuchlicher und innerhalb des ersten Buches gestaltet sich das Verhältnis von quand und comme etwa wie 1 : 3.

c) Am strengsten ist quand in den Dial. durchgeführt. Hier findet sich in Temporalsätzen durchweg nur quand, und comme in temporalem Sinne niemals. Zudem sind Temporalsätze mit quand in den Dial. ungemein häufig.

Daß in den anglo-normannischen Prosatexten sowie im Lg. comme bevorzugt ist, liegt wohl darin begründet, daß es durch das cum in den lateinischen Vorlagen den Uebersetzern an die Hand gegeben wurde. Wenn andere Denkmäler dagegen, wie Dial. und Gorm. sich nur der eigentlichen Temporalconjunction quand bedienen, so kommt dies möglicherweise daher, daß die Verfasser derselben in ihrem Dialect auf den ausschließlichen Gebrauch des quand angewiesen waren.

7. Comment.

Comment (= qua mente?) hat an sich zwar keinen conjunctionalen Character, da es eigentlich ein Adverbium ist. Indes wird es im Altfranzösischen mit comme confundiert und in den Quat. liv. und Dial. auch als Conjunction gebraucht, ein Gebrauch, der sich in der vulgären Sprache des modernen Französisch noch heute beobachten läßt. Comment als Conjunction hat nur comparativen Character. Quat. liv. 1, 17, 18

e enquer cument tes freres le facent; 1, 28, 15 Pur co t'ai fait cha
sus venir que tu me mustres cument me deive cuntenir; 2, 11, 17
finben sich comme unb comment in derselben Bedeutung nebeneinanber:
E David cume fud returned, enquist cume Joab le fist e li poples,
e cument il le feissent del siege. Dial. 1, 17, 5 Quar en l'esposition
conoist l'om, coment l'om doit troueir e tenir la vertut; 1, 7, 16 mais
en lo racontement des signes conoissons nos coment la vertuz troueie
et retenue soi demostret; 1, 11, 8 Prendeiz par ke uos aiez coment
uos cest iument puissiez mencir; 1, 20, 5; 1, 22, 23; 1, 24, 16.

8. Que als Vergleichungspartikel nach einem Comparativ.

Ueber ben Ursprung bieses que spricht sich Diez *) folgenbermaßen
aus: „Es binbet aber ebensowohl bas zweite Glieb bes Comparativ=
satzes, vertritt also bas lateinische quam. Ist es hier etwa aus quam
entstellt? Kaum scheint es so, wenigstens wiberspricht bas italienische
Lautgesetz, bas ber lateinischen Silbe qua überall hörbares u zugesteht,
(quale, quando, unqua, unque) nicht bas altfranzösische, welches onques
aus unquam zu bilben erlaubt. Zu beachten ist, baß nach ber alt=
romanischen Einrichtung auch bieses comparative que nicht selten aus=
gelassen wirb unb in soweit bem anbern que gleichsteht." — Diez weist
also aus lautlichen Grünben mit Recht que aus quam zurück unb führt
auch bieses que auf quid-quod zurück.

Bei ben syntactischen Schwierigkeiten, bie eine Deutung bes com=
parativischen que aus quid (quod) hat, ist man freilich geneigt, in bem=
selben lateinisches quam anzuerkennen. Unb ber Uebergang von u zu e
in tresque (freilich neben trosque), desque (neben jusque), bas Schwan=
ken bei quer unb quar = quare im Vokallaut (ber sich freilich aus
Betonungsverhältnissen erklären läßt) scheint wenigstens für bas fran=
zösische Gebiet ber Herleitung bes comparativischen que aus quam bas
Wort zu reben. Es ließe sich wohl noch an eine Vermischung eines
aus quam gezogenen qua mit que = quid benken, ba bie sehr allge=
meine Bedeutung von que, ben comparativischen Gebrauch nach gewissen
Demonstrativen nicht ausschließt, (cf. si-que = si comme, tant que =
tamquam) eine Verbrängung bes qua burch que möglich erscheinen läßt.
Wir müssen bie Frage über bie Herkunft bes comparativischen que
unentschieben lassen, uns mit ber Hinweisung auf bie Fälle begnügenb,
wo bas comparative que vor nicht gesetztem conjunctionalem que
(= als baß) erscheint; benn baß hier que bas vergleichenbe, nicht bas
ben Aussagesatz einleitenbe ist, kann nicht fraglich sein.

---

*) Diez: Gram. III, 323;

Eul. 9. Melz sostendreiet les empedemenz Qu'elle perdesse sa virginitet; (Lieber erbulbete sie bie Qualen, als sie verlöre . . . . .) que läßt sich nur als quam erklären. Rol. 44 Asez est mielz qu'il i perdent les chiefs Que nus perduns l'honur ne la deintiet; 59 Asez est mielz, qu'il i perdent les testes Que nus perduns clere Espaigne la bele; 516 Mielz en valt l'ors que ne funt cinc cent livre; 890 Plus curt a piet que ne fait uns chevals; 1091 Mielz voeill murir que huntage me vienget; 1529 Plus est inels que men est uns falcuns; 1645 Mielz voeill murir que jo ne l'alge occire; 2336 Mielz voeill murir qu'entre paiens remaigne; 2339 Plus en abat que jo ne vus sai dire; 2738; 3909; Gorm. 307 s'il le poeit as puins baillir que ainz se lerreit, detrenchier que mais pur hume le perdiest; 524 plus en unt morz e afoles que vus sai dire ne cunter; Quat. liv. 1, 1, 8 dun n'as-tu mun quer, ki plus te valt que si ousses dis enfanz; 1, 2, 14 Del sacrefise pristrent a sei par rustie e par des rei, plus que n'en out cumanded a lei; 1, 15, 22; Cument quides tu que a Deu plus plaised oblatiun e sacrefise que l'um seit obeissant a sun plaisir e a sun cumandement? 1, 19, 12; 2, 6, 22; 2, 16, 14; Dial. 1. 5, 13 Aviat dunkes a toi alcune chose novele, ke dolors toi tient plus ke soloit . . . . 1, 7, 25 etc. In all diesen Fällen können wir que im Deutschen sehr gut mit „als baß" wiedergeben.

9. Ja = jam.

Wie das abverbiale comment im Altfranzösischen auch als Con= junction gebraucht wurbe, so hat auch das Adverbium jam, im Alt= französischen in ber Form ja auftretend, zuweilen conjunctionale Be= beutung. So gebräuchlich es aber als Adverb ist, so selten tritt es als Conjunction auf unb im Neufranzösischen ist es als solche nicht mehr gebräuchlich.

Im Lg. einmal in concessiver Bebeutung = obgleich: 13,5 Ja lo sot bien, il le celat A nuil omne no l' demonstrat; Charl. 33 in cau= falem Sinne: Ja sui jo vostre femme, si me cuidai juer;

10. Car = quare.

Obgleich man seiner Etymologie nach in car eine unterorbnenbe Conjunction erwarten sollte, so leitet es im Altfranzösischen boch nur causale Hauptsätze ein, wo wir im Deutschen mit „benn" anknüpfen würben. Diesen coorbinierenben Charakter hat car auch noch im Neu= französischen. Es ist meist unmöglich zu entscheiben, ob ber mit car eingeleitete Satz ein Hauptsatz ober ein Nebensatz sei, ba weber Mobus

3

noch Wortstellung irgend einen Anhaltspunct gewähren. In den L. Psalm. könnte man zuweilen insofern in car eine unterordnende causale Conjunction erkennen, als es dort das „quia“ des Originals wiedergibt, zumal da die L. Psalm. eine sehr genaue Uebertragung sind. Diese Stellen sind: 3, 5 Je dormi e si sumellai, e relevai, kar nostre Sire me receut; (quia Deus sustentavit me.). 4, 10; 5, 3; 68, 10;

11. Que.

Die im Französischen, speciell im Altfranzösischen zur Verbindung eines Satzgefüges am häufigsten gebrauchte und im allgemeinsten Sinne verwendete Partikel ist que*), ebenfalls wie die meisten vorher besprochenen von relativischem Charakter. Im Lateinischen entspricht diesem que der Form nach quid, dem Gebrauche nach steht es lateinischem quod näher, das schon früh im Gebrauche, aber mit dem Ausgang der klassischen Zeit oft in vielbeutiger Verwendung auftritt.

Woher die Vielbeutigkeit der que zu Grunde liegenden, in ihrer Bedeutung immerhin fest begrenzten lateinischen Conjunction stamme, ist nicht schwer zu erkennen, da sie schon im Lateinischen vielfältigere Satz= beziehungen anzuzeigen diente, als irgend eine der in den romanischen Sprachen fortlebenden lateinischen Satzpartikeln. Die neutrale Form begünstigte eine vielseitige Anwendung, da die neutrale Form allerlei Satz= beziehungen (vgl. quod si, quod utinam etc.) herzustellen, jeden demon= strativen Ausdruck eines Hauptsatzes und jedes, Undeutlichkeiten ein= schließende und der Ergänzung bedürftige Satzglied näher zu bestimmen gestattete. Auch Satzglieder selbst vertrat ja das lateinische quod bereits, wenn Verba des Thuns oder Geschehens, des Affectes oder verba sentiendi et dicendi ein Satzobject statt eines nominalen Objects nötig machten. So konnte quod allmählich zu völliger Unbestimmtheit der Bedeutung, zu einem Satzexponenten herabsinken, der den determinierenden abhängigen Satz als solchen kenntlich machte, aber dem Hörer die Fest= stellung des näheren Verhältnisses des determinierenden Satzes zum determinierten anheimgab. Beispiele, wie neutrale Pronomina relativa oder demonstrativa zu Zeichen der Determinationsbedürftigkeit eines Satzgliedes und der vollzogenen Determination herabsinken können, gaben auch andere bekannte Sprachen genug, das Griechische in seinem ὅτι, das Deutsche in seinem „daß“, das Englische in „that“, das Gotische in that-ei etc.

---

*) Ueber die Etymologie vgl. Diez: Etym. W. 4. Aufl. I, 96; Rom. Gram. III, 322; 3. Aufl.; sowie Littré und Mätzner.

Wir finden daher fast alle Classen von Nebensätzen, mag die Art des Abhängigkeitsverhältnisses vom Hauptsatze sein, wie sie wolle, mit dem Satzexponenten que im Französischen eingeleitet, und es ist zu erwarten, daß in denselben Nebensätzen, die das Altfranzösische in Hauptsatzform hinzustellte, noch weit häufiger der Satzexponent que verwendet wird. Daß und inwieweit dies der Fall ist, werden wir am besten übersehen, indem wir uns die verschiedenen Arten von Nebensätzen, in denen que auftritt, in der nämlichen Reihenfolge vorführen, welche wir bei den unverbundenen bezogenen Sätzen im ersten Teile eingehalten haben.

a) Der Nebensatz ist logisches Subject des Hauptsatzes.

1) Das den Nebensatz einleitende que hat kein Correlat im Hauptsatze, welches als grammatisches Subject diente. Der Nebensatz erscheint also zugleich als grammatisches Subject nach unpersönlichen Verben und Ausdrücken. Dies ist im Altfranzösischen das häufigere, während im Neufranzösischen gewöhnlich ein Pronomen der 3. Person als grammatisches Subject nicht entbehrt werden kann.

α) Es wird ein eingetretenes Ereignis angezeigt: Rol. 2556 Apres li vient une altre avisiun Qu'il ert en France ad Ais a un perrun, En dous chaeines si teneit un brohun; Quat. liv. 1, 1, 4 E a un jur avint que Helchana fist sacrefise; 1, 3, 2 Avint a une feiz que li evesches Hely se fud aculche pur reposer; 1, 13, 10; 1, 14, 1; 1, 18, 19 wird que wiederholt, weil ein Temporalsatz eingeschoben ist: Avint issi que, quant Merob la fille Saul dut estre donnee a David, que dunee fud a Adriel de Melote; Dial. 1, 6, 16 et avint chose k'ele nes par ramembrance voit en apres ce k'ele tenoit anzois par fait.

β) Nach être mit einem prädicativen Substantivum oder Adjectivum, sowie nach passiven Ausdrücken: Rol. 44 Asez est mielz qu'il i perdent les chiefs, Que nus perduns l'honur ne la deintiet; ebenso 58; 141 Sa custume est qu'il parolet a leisir; 497 Tant vus ad dit, nen est dreiz que plus vivet; 659 Mei est vis que torp targe; 1950; 2030; 2349; 2561; 2608; 3913; 3932; 3954; Al. 5, 2 Que enfant n'ovrent peiset lor en forment; 37, 3 Es vos l'esemple par trestot le pais que cele imagene parlat por Alexis; 73, 3; 88, 5; 89, 5; 92, 5; 96, 2; L. Psalm. 118, 71 Bone chose est a mei que tu humilias mei, Quat. liv. 1, 1, 11 . . . . . si fust tun plaisir que veisses ma miserie e ma afflictiun . . . . . 1, 2, 36; 1, 8, 6; Dial. 1, 6, 20 E a la fuie a l'aoisement de mon dolor ce est aioint ke la vie des alcanz . . . . . a memoire a moi est rapeleie;

γ) Der Subjectsfatz steht ferner nach Ausrufen und elliptischen Ausbrücken, nach benen das Präbicat zu ergänzen ift. Rol. 326 A bien petit que il ne pert 'le sens; 716 Deus! quel dulur que li Franceis ne le sevent; 3608 Carles cancelet, pur poi qu'il n'est caüz. Charl. 132 A poi ke il ne chiet fuiant s'en est turnez.

δ) Nach unperfönlichen Ausbrücken, die einen Wunsch enthalten, wo ber Satz mit que ben Inhalt des Gewünschten mitteilt. Rol. 1063 Ne placet damne Deu Que mi parent pur mei seient blasmet, Ne France dulce ja chieet en viltet! 1090; 3538; 3718; Charl. 406 Ploust al rei de glorie . . . . . Ke la tenisse en France u a Dun la citet; L. Psalm. 18, 15 Eierent que plaisent li parlement de ma meie buche; 39, 18 Plaiset a tei Sire que tu delivres mei; Quat. liv. 1, 12, 23 Ne place Deu que jo cesse pur vus preier.

2) Que hat im Hauptfatze ein pronominales Correlat, welches grammatisches Subject ift. Dies Correlat ift in ber Regel bei bem tonlofen est bas Fürwort il, bei être mit einem Nominalbegriff bas bemonftrative c e:

α) il: Rol. 884 Il est jugiet que nus les ocirum; 1444 Il est escrit en la geste Francur Que vassal sunt a nostre empereur; 2349 Il nen est dreiz que paien te baillisent, De chrestiens devez estre servie; 3913 Il ne poet estre qu'il seient desevret.

β) c e: Rol. 1774 Co est merveille que Deus le soefret tant; Al. 69, 3 De nule chose certes ne l' sai blasmer e co m'est vis que co est li hom Deu; 73, 3 Co'st sa mercit qu'il nos consent l'honor; 88, 5; Charl. 361 Li uns esguardet l'altre ensi cum riant, Ke co vus fust viarie ke tuit fussent vivant; 374; 376 Co 'st avis, ki l' asculte, k'il seit en parais. L. Psalm. 22, 4 Kar ja seit ce que je irai el milliu del umbre de mort, ne crienderai mals. Dial. 1, 6, 20 Et a la foie a l'aoisement de mon dolor ce est aioint, ke la vie des alcanz . . . . . a memoire a moi est rapeleie; 1, 10, 22 De cui ia soit ce ke pluisors uertuz certains racontemenz des pluisors ait depuliet, nekedent Laurenz . . . . . 1, 14, 24; Comp. 432 Eico ploust a De Qu'eissi fut apele.

b) **Der mit que eingeleitete Nebensatz ift logisches Object bes Hauptsatzes.**

Der Gebrauch von que in Objectssätzen ift im Französischen unge= mein häufig, ba nicht nur bie fo beliebte Construction bes Acc. c. inf. im claffischen Latein ber Vulgärsprache fremd war unb hier in Form von Objectssätzen erscheinen, fondern auch viele Conjunctionen, bie nach beftimmten Verbalclaffen Regel waren, burch que erfetzt werden.

Ein solcher Objectsſatz wird meiſt noch durch ein im Hauptſatze
ſtehendes Pronomen im Accuſativ beſonders hervorgehoben und zugleich als Objectsſatz kenntlich gemacht. Der mit que eingeleitete Objectsſatz ſteht:

1) Nach Zeitwörtern, die eine Empfindung, eine Thätigkeit des
Geiſtes oder der Sinne ausdrücken, die man gewöhnlich als verba sentiendi et dicendi bezeichnet, und nach welchen im Lateiniſchen der Acc.
c. inf. folgt.

Nach verbis sentiendi: a) Ohne grammatiſches Object im Hauptſatze: Al. 8, 1 Quant veit li pedre que mais n'avrat enfant mais que
cel sol, que il par amat tant, donc se porpenset del siecle a en avant.
56, 4 Or set il bien qued il s'en deit aler; 91, 4; 99, 5: Rol. 292 En
Sarraguce sai bien qu'aler m'estoet; 521 Guenes, par veir creez, En
talant ai que mult vus vocille amer; 719 Sunjat qu'il eret as graig-
nurs porz de Sizre; 725; 1110; 1147; 1467; 1538; 1587; 1795; Asez
oez que Rollanz se dementet. 1848 Si est bleciez, ne cuit qu' anme
i remaigne; 1936; 1940; 1952; 1965; 1982; 2010; 2024; 2108;
2342; 2427; 2476; 2743; 2837; 3409 Bien le cunuis que gueredun
vus dei E de mun cors, de terres e d'aveir; 3609; 3623; 3651; 3724;
3728: 3780; 3815; 3825; 3850; Charl. 43 Ore entent la reine ke ne
se poet estordre, Voluntiers la laissast, mais ke muer nen oset. 55
Uncor cuit k'en perdrez la teste sur le buc; 651; 744; '796 ; Gorm.
191 und 192 Cuidiez vus dunc qu'il surrexist ne qu' il vus poisse
guarantir? 429 Qr sai jeo bien que veir dist trop; L. Psalm. 4, 4 E
sachez que nostre Sire at fait merveillus sun saint; 9, 21; 19, 6; 40,
12; 49, 22; 55, 10; 58, 15; 72, 16; 82, 17; 99, 3; 134, 5; 139, 13;
Quat. liv. 1, 3, 9 Idunc entendi Hely que Deus out Samuel apele; 1,
3, 13 . . . . pur ço que bien sout que ses fiz overouent malement
. . . . 1, 3, 20 E tuit li poples de Israel . . . . cunut que Samuel
fud fedeil prophete Deu; 1, 4, 19; 1, 6, 9; 1, 7, 7; 1, 12, 12; 1, 13,
12; 1, 14, 22 ꝛc. Comp. 107 Mais cuit qu' alquant dirrunt, Ki . . .
Qu'en vain me travaillai; 127 E sil tienc a folie Que hom deiet jugier,
Se il ne set plaidier;

b) Mit grammatiſchem Object im Hauptſatze: Wie ſehr in dieſer
Beziehung die gelehrten und ſpätern Denkmäler von den volkstümlichen
verſchieden ſind, läßt ſich bei Beachtung der Beiſpiele ſofort erkennen.
Co: Val. 4 Saveiet co que li celor sub co astreiet eis ruina Judaeorum; 18 Car co videbant per spiritum prophete que, cum gentes venirent ad fidem . . . . si astreient li Judei perdut; durch Einſchiebung
des mit cum eingeleiteten Nebenſatzes wird der Objectsſatz hier von que

getrennt, daher später durch si wieder aufgenommen und zugleich mit dem cum Saße in Verbindung gebracht (wenn — so, dann) Rol. 308 Co set hum bien que jo sui tis parastres; 324 Quant co veit Guenes qu'ore s'en rit Rollanz . . . . 1886; 2259 Co sent Rollanz que la mort li est pres; 2284; 2314; 2355; 3924; Al. 21, 3 Quant il co sovrent qued il fuiz s'eret . . . . 38, 1 Quant il co veit que l' volent honorer: Certes, dist il, n'i ai mais ad ester; 68, 5; 124, 2; Quat. liv. 1, 10, 11 Cume co virent cels ki devant l'ourent cunud, que entre les prophetes prophetizad, li uns al altre si en parlat; Comp. 267 E co devez saveir E bien creire pur veir Que la nuit duze en tient E li jurz qu' aprof vient, Quant la nuit e li jur Unt uele lungur; le als grammatisches Object im Hauptsaße ist selten. Rol. 1147 Sire cumpainz mult bien le saviez Que Guenelun nus ad tuz espiez; 3409 Bien le cunuis que gueredun vus dei E de mun cors, de terres e d'aveir. Al. 91, 4 E Deus le set que tote sui dolente. Während also in den älte= sten Denkmälern der Objectssaß durch ein grammatisches Objectspronomen im Hauptsaße genau als solcher gekennzeichnet wird, geschieht dies in den gelehrten Denkmälern seltener. In den L. Psalm. finden wir gar kein Beispiel, in den Quatr. liv. und dem Comp. äußerst wenige. Dafür ist anderseits in den leßtern Denkmälern das Abhängigkeitsverhältnis für die übrigen Arten von Nebensäßen durch neu gebildete Conjunctionen weit genauer angegeben, und wir sehen, daß, je präciser und klarer das Ver= hältnis zwischen Haupt= und Nebensaß durch die Neubildung von Con= junctionen angezeigt wird, sich das einfache que mehr auf die Accusativ=, Nominativ= und die sogenannten Casussäße beschränkt.

Nach verbis dicendi: a) Ohne grammatisches Object im Hauptsaße: Val. 5 si cum legimus e le evangelio que dominus noster flevit super Hierusalem; Al. 18, 3 Por une imagine dont il odit parler Qued an= gele firent par comandement Deu; 65, 5 Noncent al pedre que ne l' povrent trover; 65, 5 Icil respondent que neuls dels ne l' set. Rol. 734 Dient Franceis que grant bataille i ad; 983 Dient alquant que diable i meinent; 1123; 2363; 2760; 2913; Gorm. 428 Allas! dist il, veir dist li sorz, si jeo veneie en icest host, que jeo screie o pris o morz; 639; L. Psalm. 37, 17 Kar je dis que alquune fiede ne suresjoent a mei li mien enemi; 63, 5 Recuntereut que il repundereient laz; 95, 9; 105, 22; 117, 2; 117, 4; Quat. liv. 1, 3, 13 E bien li dis devante que jo jugereie sa maisun parmanablement pur se iniquite. 1, 9, 12. Celes lur distrent que il i fud; 1, 10, 16; 1, 12, 22; 1, 16, 2 steht der Nebensaß vor dem regierenden Verbum und ist in den Hauptsaß, der mit e beginnt, eingeschoben: Un veel od tei prendras, e que pur sacrefisc faire i viens lur dirras; 1, 17, 27; 1, 18, 7 les femmes e les meschines vindrent encuntre. . . . E chantantes que Saul out ocis mil, e David dis milie.

b) Mit grammatiſchem Object im Hauptſaße: co: Rol. 226 Qui co vus lodet que cest plait degetuns; 531 N'est hum qui l' veit e cunuistre le set Que co ne dict que l'empererc est ber; 705 Co dit li reis que sa guerre out finee; le: Rol. 448 Ja ne l' dirat de France l'empererc Que suls ci moerge en l'estrange cuntree; 769 Mien escientre, ne l' me reproverunt, Que il me chieded cum fist a Guenelun; 2091 Puis le dist Carles qu'il n'en espargnat nul; 3192 Si l' m'a nunciet mes més li Sulians Que X eschieles en ad faites mult granz; Gorm. 473 tant le vus dis plusur(c)s fiees a Cirencestre, a voz cuntrees, que Franceis sunt genz adurce;

2. Nach den Ausbrücken, bie einen Willensact in ſich ſchließen. Im Lateiniſchen iſt bie Conſtruction nach ſolchen Ausbrücken verſchieben. Im Franzöſiſchen werben ſie behandelt wie bie verba sentiendi et dicendi unb ber folgende Nebenſaß wirb als Objectsſaß betrachtet. Hie unb ba ſtehen ſolche Nebenſätze ben Finalſätzen nahe. Ein grammatiſches Object finbet ſich nach bieſen Ausbrücken höchſt ſelten (Lg. 15, 3), weshalb wir hier keine weitere Scheibung vornehmen.

Lg. 3, 6 Rovat que litteras aprcsist; 15, 3 Cio li mandat que revenist. Al. 8, 4 Or volt que prenget muilier. 50, 4; 54, 4; Rol. 187 Mais il me mandet que en France m'en alge; 239; 319 Carles cumandet que face sun servise; 404 . . . Que il querreient que Rollanz fust ocis; 431; 459 Jo ne lerreie pur tut l'or que Deus fist. . . . Que ne li die, se tant ai de leisir; 471; 489; 883; 1027 Mis parrastres est, ne voeill que mot en suns; 1206; 1252; 1659; 1930; 2320; 2362; 2438 Jo vus defend que n'i adeist nuls hum; 2439; 2450 si priet dame Deu Que le soleil facet pur lui ester; 2518; 2627; 2673 Jo vus cumant qu'en Sarraguce algiez; 2786; 2949; 3609; 3623; 3809; 3842; Carl. 635 Il lur at cumandet k'aient bruignes vesties; Gorm. 35 ne voil que ja uns suls s'en vant. L. Psalm. 26, 7; 90, 11; Quat. liv. 1, 2, 20; 1, 2, 29; 1, 6, 21; 1, 7, 8; 1, 9, 23; 1, 11, 1; 1, 11, 9; 1, 12, 17; 1, 13, 3; 1, 13, 9; 1, 13, 14; 1, 14, 18; 1, 14, 28; 1, 15, 32; 1, 16, 19; 1, 16, 22; 1, 17, 56; 1, 18, 17; 1, 28, 7; Dial. 1, 7, 11 2c.

3. Nach ben tranſitiven Verben bes Fürchtens. Hier finbet ſich niemals ein grammatiſches Object im Hauptſaße, unb bie Auslaſſung von que zeigt ſich nach bieſer Claſſe von Verben ebenfalls niemals, ſonbern Haupt= unb Nebenſaß ſinb immer burch eine Conjunction verbunden.

Al. 12, 15 S'or ne m'en fui, molt criem que ne t'en perde; 40, 4
Quant veit son regne, durement se redotet De ses parenz qued il
ne l' reconoissent; Charl. 322 Si senz guarde remaint, criem k'ele seit
perdue.

4. Nach verſchiedenen allgemein tranſitiven Verben, die ſonſt ein
Subſtantiv als Object bei ſich haben. Wie bei 1 finden wir nach dieſen
bald ein grammatiſches Object im Hauptſaße, bald nicht. Al. 78, 4 Vis
atendeie qued a mei repairasses . . . . . 93, 4 Ne pois tant faire
que mes cors s'en sazit. Rol. 310 Se deus co dunet que jo de la
repaire; 596 Qui purreit faire que Rollanz i fust morz, Dunc perdreit
Charles le destre braz del cors. 1599 Ne poet muer qu'il ne s'en
espaent; 3740 N'ad deservit que altre bien i ait; Gorm. 210 Si m'ait
Deus qui ne menti, jeo nel lerreie pur murir que jeo ne l'auge ja
ferir, que que m'en deie avenir. L. Psalm. 39, 16 Cumpristrent mei les
meies iniquitez, e ne poi que je veisse; 40, 9 Quatr. liv. 1, 3, 21 . . . .
kar il lur mustrad ke lur enemis les Philistiens les veintercient e ocireient
en champ. Comp. 218 Iloc lisant truvum Que Deus fist par raisun Le soleil
e la lune; 312; Quat. liv. 1, 2, 29 haben wir durch Einſchiebung eines
Relativums einen Doppelſaß mit que, welcher indes ſelten iſt, und obgleich
dies noch im Neufranzöſiſchen ſelbſt bei guten Schriftſtellern vorkommt,
ſo wird es doch von den meiſten vermieden.*) E pur que as buted en
veie del talun mes sacrefises e mes duns, que jo cumandai que fussent
offrez en mun temple.

Als ganz gleichartig ſind die 4 Claſſen von Objectsſäßen nicht an=
zuſehen; das innere Verhältnis von Haupt= und Nebenſaß erſcheint bei
den unter 2 und 3 angeführten Verbalclaſſen ein etwas anderes, als in
den unter 1 und 4 angeführten Fällen, wenigſtens inſofern, als in den
Beiſpielen unter 1 und 4 gern ein Pronomen als grammatiſches Object
in dem Hauptſaße ſteht, was unter 2 und 4 nicht der Fall iſt.

c) Que im Genitivſaße.

Der Genitivſaß ſteht an Stelle eines Subſtantivums im Genitiv;
wir haben daher ein genitiviſches Verhältnis, wenn der Nebenſaß von
einem Subſtantivum oder Adjectivum im Hauptſaße regiert wird, das
ſonſt einen Genitiv bei ſich haben würde. Nach Verben ſteht derſelbe,
wenn dieſe den Begriff ſolcher Subſtantive oder Adjective in ſich ſchließen.
Wie in den Subjects= und Objectsſäßen finden wir auch hier oft im
Hauptſaße ein pronominales Correlat mit de, woraus hervorgeht, daß
man derartige Nebenſäße als Genitivſäße auffaßte.

---

*) Vgl. Diez: Rom. Gram. III, 236;

1) Nach Verbalformen: a) Mit einem Correlat im Hauptsatze: Charl. 766 Filz le cunte Aimer, ki de co se vantat Ke icele graut eve, que bruit a cel val, K'il la fereit eissir tute de sun kanal . . . . ; wegen des eingeschobenen Relativsatzes ist der Deutlichkeit halber que nachher noch einmal gesetzt, wobei ferner das vorangegangene Object in Gestalt eines Pronomens noch einmal wiederholt wird. Quat. liv. 2, 2, 12 forment fud irez vers els de co qu'il ourent David eslit a rei et a reignur; 2, 6, 7 David en fud mult marriz de co que nostre Sire oud ferud Ozam e muad le num de cel lieu pur co que Oza i fud ocis.

b) Ohne Correlat im Hauptsatze: Al. 98, 4 Se jo t'ousse la jus le degret, ou as geut de longe enfermetet, Ja tote gent ne m' soussent torner Qu' ensemble od tei n' ousse converset. Rol. 257 Jo me crendreie que vus vus meslissiez; 1962 N'en vanteras el regne dunt tu fus Vaillant denier que m'i aies tolut; 3554 Li amiralz alques s' e n aperceit Que il ad tort e Carlemagnes dreit; L. Psalm. 77, 39 E remembrerent que Deus ajuere est d'els; 77, 44 E recorda qu'il car sunt; 102, 14 Quat. liv. 1, 14, 17 e tost s'aperceurent que Jonathas e sis esquiers n'i furent; 1, 15, 11 Ore m' e n repent que fait ai Saul rei sur Israel. 1, 15, 35; 1, 17, 39; 1, 18, 15; 1, 24, 6;

2) Nach Substantiven: Nach diesen steht wenigstens in den ältesten Denkmälern niemals ein zu que gehöriges Correlat im Hauptsatze: Al. 21, 4 Co fut granz dols que il en demenerent; 49, 5 N'at soin que l' veiet, si est a Deu tornez; 60, 2; Rol. 579 N'avrat talent que jamais vus guerreit; 837 En noit m'avint une avisiun d'angele Qu' entre mes puinz me depecout ma hanste; 1846 N'i ad icel qui ne demeint irance Que il ne sunt a Rollant le cataigne; 2608 Mult est grant doels que nen est qui l'ociet. 2978; 3133; 3183; 3476; 3590; Quat. liv. 1, 12, 5 Deus me est testimonies, fist Samuel, ... que en mes ovres n'en avez si bien nun truve; 1, 13, 33 E vint la fame a tuz ces de Israel que descunfist furent li Philistien; 1, 14, 3; 1, 14, 33; 1, 15, 12; 1, 23, 10.

Bei Adjectiven steht de ce als Correlat zu que*): Amis et Amiles: 3081 Mult fut Amiles li cuens de joie plains De ce qu' Amis estoit garis et sains.

Ein genitivisches Verhältnis haben wir wohl auch Eul. 3, 2 Elle non eskoltet les mals consolliers qu'elle deo raneiet, chi maent sus en ciel.

---

*) In andern romanischen Sprachen steht zuweilen die Präposition ohne ein Pronomen unmittelbar vor que. Vgl. Diez: Gram. III, 337; Mützner: Syntax II, § 390.

d) Que im Dativfaße.

Dativfäße, die alfo für ein Subftantivum im Dativ ftehen, find im Ganzen felten, da das Franzöfifche in derartigen Conftructionen weit bequemer den Infinitiv gebraucht. Zudem berühren fich folche Säße fehr nahe mit Finalfäßen und werden mit Recht meift dahin gerechnet. Rol. 3109 Par ta mercit, se tei plaist, me cunsent Que mun nevuld poisse vengier Rollant; L. Psalm. 118, 60 Aprestez sui, e ne sui turbez, que je guarde les tuens comandemenz. Quatr. liv. 1, 2 28 E de tutes les lignes de Israel le eslis que fust mis prestres, e a mun altel munstrast e encens i portast; 1, 12, 3 Prest sui que je l'amende; 1, 24, 11 Pensoue que jo t'ocireie, mais merci oi de tei..

e) Que nach einem Zeitbegriff.

Que fteht im Altfranzöfifchen wie noch im Neufranzöfifchen determinierend an der Spiße eines Nebenfaßes, der fich an ein durch Artifel oder Demonftrativpronomen' näher beftimmtes Subftantivum der Zeit anfchließt. Das Saßverhältnis ift hier oft auch ein ftreng genitivifches; zuweilen entfpricht que einem lateinifchen Ablativ des Relativpronomens. Wo que gleich einem lateinifchen Ablativ fteht, tritt zuweilen auch eine der beftimmteren Zeitpartifeln, quand und comme für dasfelbe ein, z. B. al jur quant tuz furent venu; Et le jor cum il furent logie, vindrent li message d' Andrenople (Villehardouin).

Man würde in manchen hieher gehörigen Fällen geneigt fein, das relative que zu erfennen; die Vertaufchung des que mit quand und comme zeigt jedoch, daß für das Sprachgefühl der alten Zeit que in diefer Verbindung eher conjunctional war. Als Beifpiele für que mit temporaler Bedeutung mögen folgende angeführt werden. Lg. 39, 3 C i o fud lonx dis que non cadit. Rol. 1242 Or est li jurz que l's estuvrat murir; 1407 Malvais servise le jur li rendit Guenes Qu'en Sarraguce sa maisniee alat vendre; 2371 und 2372 . . . . . De mes pecchiez, des granz e des menuz, Que jo ai fait des l'h u r e que nez fui Tresqu'a cest jur que ci sui cunsouz! Al. 3, 1 Pois i c e l tens que Deus nos vint salver . . . . . si fut uns sire de Rome la citet. 42, 5 Ne me conoistront t a n z jorz at que ne m' virent; 59, 1 En l a semaine qued il s'en dut aler, Vint une voiz treis feiz en la citet; 61, 5 Ne guardent l ' hore que terre les enclodet. Charl. 704 . . . . . Tresk'il vint a l a nuit que tute est aserie; Quatr. liv. 1, 7, 10 Avint que la bataille fud a l ' ure que Samuel fist sa ureisun e sa oblatiun; 1, 13, 22 Cun vint a l jur que dust estre la bataille, nuls n'en out espec; 1, 29, 6; . . . . e n'ai truved en tei nul mal ne vilainie, des l'ure que a mei venis jesque a cest jur.

Lg. 1, 6 haben wir einen doppelt regierten Nebensatz mit que, der von einem Hauptsatz mit Substantivum der Zeit und einem prädicativen Substantivum abhängt: et or est temps et si est biens que nos cantumps de sant Lethgier;

Wir haben bis jetzt diejenigen Arten von Nebensätzen besprochen, welche noch heute im Französischen mit einfachem que eingeleitet werden können, oder auf welche im Verlaufe der Sprachgeschichte vielmehr das einfache que eingeschränkt worden ist.

Wir kommen nun zu den verschiedenen Gattungen des eigentlichen Adverbialsatzes, die mit, aber auch ohne adverbiales Correlat im Hauptsatze auftreten, in welch' letzterem Falle sie größere Deutlichkeit erhalten. Sätze dieser Art bilden den Ausgangspunct für die im Neufranzösischen auftretenden neugebildeten Conjunctionen mit que.

a) Que im Causalsatze.

Causalsätze, in denen im Neufranzösischen ein einfaches que an der Spitze steht, sind verhältnismäßig selten.*) Daß dieses que, welches im Altfranzösischen im causalen Nebensatze weit häufiger ist, mit der causalen lateinischen Partikel quod nichts zu thun hat, ist ziemlich sicher und wird durch das schon frühe Auftreten von pronominalen Correlaten im Hauptsatze noch bekräftigt. Auch unser „daß" wird ja auch alleinstehend zuweilen causal gebraucht, z. B. noch bei Goethe: „Aber daß ich arm bin, war ich verachtet." Im Mittelhochdeutschen ist einfaches „daß" im Causalsatze noch viel verbreiteter.

Im Altfranzösischen ist beim causalen que hinsichtlich der Art des Causalverhältnisses zwischen Haupt- und Nebensatz kein Unterschied bemerkbar.

Rol. 2361 haben wir im Hauptsatze ein demonstratives Correlat wie in ähnlichen lateinischen Constructionen. Hierbei berührt sich der causale Nebensatz mit dem finalen: Turnat sa teste vers la paiene gent, Pur co l'at fait que il voet veirement Que Carles dist e trestute sa gent .... qu'il fut morz cunquerant. 2784 Fuiant s'en vint, qu'il n'i pout mais ester; 3171 Carles est fols que ne s'en est alez. Gorm. 352 .... que vus arsistes sun mustier, mesavenir vus en deit bien. Comp. 410 Semaine est apelee, Qu 'est de sept jurz furmee.

Auc. u. Nic.**) 2, 28 Nicolete laise ester, que ce est une caitive, qui fu amenee d'estrange terre; 3, 18 Bien est drois s'amor aie, que

---

*) Vgl. Mätzner: Syntax. II, § 415.

**) Aucassin und Nicolete neu nach der Handschrift mit Paradigmen und Glossar von Herm. Sachier. 2. Aufl. Paderborn 1881.

trop est douce; 24, 52 Si ne mengai ne ne buc, III jors a passes, si
n'os aler a le vile, c'on me metroit en prison, que je ne l'ai de quoi
saure.

Nach einem vorausgehenden fragenden Hauptsatze besteht ebenfalls
ein causales Verhältnis des Nebensatzes zum Hauptsatze. Dieselbe Art
causaler Nebensätze finden wir auch heute noch im Französischen.*) Im
Deutschen setzen wir gewöhnlich ebenfalls „daß“, zuweilen „warum“.
L. Psalm. 8, 5 Quels chose est huem, que tu es remembrere de lui?
u le filz de hueme, que tu visites lui? 113, 5 Que est a tei mer, que
tu t'enfuis? e tu Jordain que tu ics convertiz ariere? 143, 4 Sire, quel
chose est huem que tu tei fesis conuistre a lui? u li filz d'ume, que
tu recuntes lui? Quat. liv. 1, 18, 18 Ki sui jo? et de quel afaire, e
de quel lignage, que je seic gendre le rei? Im lateinischen Originale
findet sich für que ohne Unterschied quod, quia, quoniam und auch ut.

Charl. 483 und 820 steht que als Causalpartikel dem temporalen
que sehr nahe. Im Deutschen können wir in derselben Verbindung entweder auch „daß“ im causalen Sinne setzen, oder mit „als“ d. h. temporal anknüpfen. 483 Que fols fist li reis Hugue k'il herbejat tel
gent! 820 Ma dame la reine, ele dist mult que fole, ke barnet prei-
sat si bien cume le nostre. Es kommt hier lediglich auf die Art der
Auffassung an.**)

Ein ähnliches Verhältnis, vielleicht rein temporales haben wir: Rol.
1209 Il fist que pruz, qu'il nus laissad as porz.

b) Que im Conditionalsatze.

Zur Einführung eines Conditionalsatzes wird que in den ältesten
französischen Denkmälern nicht gebraucht, was um so natürlicher ist,
als die Sprache für diese Satzart schon eine besondere Partikel
hatte. (si).

Al. 87, 5 steht que in der eigentümlichen Bedeutung von als ob,
als wenn:

Ne l'conoisseic plus, qu'onques ne l'vedisse = ich erkannte ihn
nicht mehr, als wenn ich ihn nie gesehen hätte.

c) Que im Concessivsatze

ist in den ältesten Denkmälern nicht belegt, was zumeist darin
seinen Grund hat, daß die populären Texte solche Sätze überhaupt
nicht haben, wie überhaupt die Sprache des Volkes dem Concessivsatze
am meisten abgeneigt ist und ihn selten oder gar nicht gebraucht.

---

*) Vgl. Mätzner: Syntax II, § 415.
**) Man vergleiche den unter quand a, α citierten Fall, wo bei ähnlichem
Wortlaut mit quand angeknüpft wird.

d) Que im Consecutivsatze.

Ein Consecutivsatz drückt die Folge aus, die sich aus der Art der Thätigkeit des Verbums im Hauptsatze unmittelbar ergibt. Der Folge= satz enthält also das Resultat der Eigenschaft des präbicativen Ver= balbegriffes und drückt damit zugleich eine Eigenschaft des Verbums aus. Sehr häufig wird dem Verbum im Hauptsatze wirklich noch ein Adverbium beigegeben, auf das sich dann das folgende que bezieht. Daneben steht aber ebenso oft einfaches que.

α) Que ohne adverbiales Correlat im Hauptsatze: Rol. 549 Sours est Carles, que nul hume ne crient; 1279 Be coer li trenchet, le feic e le pulmun, Que mort l'abat, cui qu'en peist u cui nun; 1299 E Otes fiert un paien Esturgant Sur sun escut en la pene devant, Que tut li trenchet le vermeill e le blanc; 1302; 1307; 1316; 1579; 1668; 1893; 2021; 3357; 3364; 3428; 3468; 3524 Sunet la cler, que si paien l'oirent; 3619; 3923; Charl. 256 Les reliques sunt forz, granz vertuz i fait Deus, K'il ne vienent a eve, n'en partissent li guet, Ne encuntrent avoegle ne seit renluminez; 374 E cez ima- genes cornent, l'une a l'altre surrist, Ke co vus fus viarie, Ke il fussent tuit vif. 408; 544; 557; 608; 724; 775; 776. Gorm. 17 Des espuruns puint l'auferant, que il en fist raier le sang. 28; 110; 120; 185; 284; 312; 321; 395; L. Psalm. 9, 34; 36, 8; 36, 36; 107, 13; Quat. liv. 1, 4, 5; 1, 18, 12; Comp. 25; 26;

β) Que mit adverbialem Correlat im Hauptsatze: tam: Nur im Lg. 8, 5 et hunc tam ben que il en fist de Hostedun ewesque en fist. si: Al. 20, 5 Or sui si graime, que ne pois estre plus; 28, 2 Si la despeiret que n'i remest nient; 34, 2 Quant tot sun cor en at si atornet, Que ja son voil n'istrat de la citet, Deus fit l'imagene por soe amor parler; 115, 5; Rol. 1249 Empeint si bien, que mult mort le fait brandir; 1569 Si l'ad ferut sur l'escut de Tulete, Que mort l'abat desur cele herbe verte; 1588; 1993; 2219; 2228; 2293; 2789; 2929; 2936; 3549; Charl. 474 haben wir nach einander tant und si im Hauptsatze und beide vor Abjectiven. Tant par iert fort m'aleine e li venz si bruianz, K'en tute la citet que si est ample e graut, N'i remaindrat ja porte ne postiz; 597 wird si vor que stehend, von dieser Conjunction noch durch die Verspause getrennt: Si mescrierai si Ke en quatre lieues envirun le pais Ne remaindrat en bois cers ne dains a fuir; 614; 749; Gorm. 51 s'il fiert sur la targe novele qu'il la li fraint e eschantele; 123; 232; 260; 306; 343; 392; 632. Comp. 154 eissi: S'il eissi nel volt faire Que li seit a cuntraire, Pri lui par Deu amur N'i metet sun labur.

tant: Al. 6, 2 Tant li preicrent par grant humilitet, que la muilier donat feconditet; 7, 4 Tant aprist letres, que bien en fut guarniz; 100 2; Rol. 403 Tant chevalchierent Guenes c Blancadrins, Que l'uns a l'altre a sue feit plevit; 406; 452; 533; 1829; 2689; 2842; 2819; 3637; Charl. 93 Tant chevalchet li reis k'il vint en un plain; 537 N'iert tant forz li halbers d'acier ne blanc ne brun, Ke n'en chieent les mailles ensement cum festuz; Gorm. 60 Li vostre Deus n'est tant honestes, que il vus poisse guarranz estre; 314 Hue[s] s'[en] est tant avancie[s], qu'il vait avant cuntre plein pie; 367 tant par me tenc [pur] engi(n)[g]n[i]e que n'i just[er]ai [h]ui primier tut cors a cors a l'aversier; 398; 657; Comp. 141 E se li envius Est tant de putes murs Qu'il nel voillet oir, Alt sei de luinz gesir.

itant: Comp. 482 Ki itant fol esteient Que pur deus les teneient.

Lg. 21, 2 unb 21, 4 ſteḥt ein, wie es ſcheint verſtärkenbes, noch nicht ſicher gebeutetes den zu bien unv miel, als Correlat zu que, bas auch ḥier einen conſecutiven Saß einleitet. 21, 2 Et sancz Lethgiers den fisdra bien, qu' s'en ralat en s'evesquet; 24, 4 Et Ewruins den fisdra miel, que donc deveng anatemaz.

Rol. 1273 ſteḥt ein einfaches Abverbium im Ḥauptſaße: Empeint le bien, parmi le cors li passet, que mort l'abat el camp pleine sa hanste.

Tot im Ḥauptſaße Al. 19, 2 Tot le depart, que giens ne l'en remest.

Zuweilen wird im Altfranzöſiſchen bas conſecutive que, wenn es einmal geſeßt worben iſt, in coorbinierten, bem erſten Saß gleichartigen, jeboch negativen Folgeſäßen ausgelaſſen. Charl. 256 I.es reliques sunt forz, granz vertuz i fait Deus, K'il ne vienent a eve, n'en partissent li guet, Ne encuntrent avoegle, ne seit renluminez.

γ) Das Correlat im Ḥauptſaße iſt pronominaler Natur, ein Quan=titäts=reſp. Qualitätsabjectiv ober auch ein Quantitätsſubſtantivum. Im Lateiniſchen werben is, hic, talis, tantus, tot in berſelben Weiſe gebraucht.

tel: Rol. 723 Par tel air l'at trussee e brandie, Qu'envers le ciel en volent les esclices; 1590 Tel as ocis que mult chier te cuid vendre. Charl. 498 Jo vendrai sur destre curant par tel vigur, Ke me serrai al tierz si lairai les dous; 587 Puis vendrai par destres, durra lui un colp tel, Ke devant sur sa table e ferai encliner. Ferner ſteḥt tel: Gorm. 452; 563; Quat. liv. 1, 8, 11; 1, 11, 11; 1, 3, 11 Un ovre frai en Israel e tele sera ke cornerunt li les orilles a celui qui l'orrat;

itel: Quatr. liv. 1, 5, 12 . . . . kar ces ki morz ne furent, traveillez esteient d'itel anguisse e de langur que la plainte e li griz munta devant Deu jesque al ciel.

Subſtantiviſches tant: Charl. 321 Tant i ad de fin or Ke jo n'en sai mesure; 843 Ja unt il tant del mien, k'il ne poeent porter.

e) Que im Finalſatze.

Ein Finalſatz iſt vorhanden, wenn der Inhalt eines mit que ein= geleiteten Satzes als Tendenz in das Subject des Hauptſatzes zu ver= legen iſt oder durch das Prädicat des Hauptſatzes als ſolche characteri= ſiert wird. Daß die mit einfachem que eingeleiteten, von keinem Deter= minativum des Hauptſatzes abhängigen Finalſätze dem ſog. Dativſatze nach Verben des Ziels nahe ſtehen, iſt ſchon bei „que im Dativſatze" angedeutet worden. Der Finalſatz reflectiert die im Hauptſatze geſetzte Folge als eine gewußte und gewollte, d. h. als Zweck. Im Deutſchen wird das einfache „daß" noch heute ſelbſt in klaſſiſchen Schriften ſehr häufig als finale Conjunction gebraucht, und im Altfranzöſiſchen iſt que im Finalſatze ungemein beliebt und hat ſich bis heute als finale Con= junction erhalten. *) Freilich gibt der Conjunctiv, der im Finalſatze ſelbſtverſtändlich ſtehen muß, dem einfachen que eine beſtimmte Be= deutung und erſetzt in gewiſſer Beziehung ein beſtimmendes Correlat im Hauptſatze.

In den erſten altfranzöſiſchen Denkmälern iſt einfaches que im Finalſatze das Regelmäßige. Erſt allmählich tritt ein Correlat in den Hauptſatz, wobei aber doch einfaches que die häufigere Conjunction bleibt.

α) Der Hauptſatz ohne Correlat: **) Eul. 7 Il li enortet, dont lei nonque chielt, Qued elle fuiet lo nom christiien. 13 Tuit oram, que por nos degnet preier und weiter 14 Qued auuisset de nos christus mercit post la mort et a lui nos laist venir, wo im letzten Satz que ausgelaſſen iſt. Val. 14 si rogavit deus ad un verme, que percussist cel edre; 31 preiest li que de cest periculo nos liberat; 32 Poscite li, que cest fructum, que mostret nos habemus, que l' nos conservet. 33; Lg. 4, 5 ab u magistre sempre le mist, qu'il lo doist bien de ciel saveir; 25, 4 Porro n'exit, vol li preier que tot ciel miel laisses por Deu. Rol. 82 Si me direz Carlemagne li rei Pur le soen Deu qu'il ait mercit de mei; 404; 623 und 624 Par amistiet, bels sire, la vus duins, Que nus aidiez de Rollant le barun, Qu'en

---

*) Vgl. Mätzner: Syntax II, § 445;

**) Dieſe Sätze ſtehen zum Teil Caſusſätzen ſehr nahe.

rereguarde truver le poüssum. 806 Si purperuez les destreiz e les tertres, Que l'emperere nisun de soens n'i perdet. 1013; 1046; 1318; 1470 Suvent regretent Ollivier et Rollant les duze pers qu'il lur seient guarant. 1474; 1837; 1964; 2016; 2044; 2061; 2241; 2261; 2263 Prist l'olifan, que reproce n'en ait, E Durendal s'espee en l'altre main. 2436; 2450; 2518; 2746; 2760; 3136; 3791; 3800; 3842; Al. 37, 5 E toit le preient, que d'els aiet mercit. 54, 4; 60, 3; 62, 4; 63, 2; 66, 4; 101, 5; 102, 3; 110, 5; 120, 4; 125, 2; leßtere alle nach prier = bitten baß, bamit, mit folgenbem Conjunctiv. Charl. 670; 782; 790;

In ben L. Psalm. unb ben Quat. liv. finb bie Beifpiele ungemein zahlreich, unb es ift unnötig, hier welche anzuführen. Dial. 1, 19, 20; 1, 20, 15; 1, 35, 14 2c.

β) Schon in ben ältesten Denkmälern kommen Stellen vor, in welchen bie finale Bebeutung von que burch ein im Hauptfaße stehenbes, gewöhnlich von einer Präposition begleitetes Pronomen hervorgehoben unb zugleich als final functionierenb gekennzeichnet wirb. Quat. liv. 1, 3, 14 E pur co ai jure encuntre la maisun Hely, que la iniquite de lui n'iert ja espurgee, ne par duns ne par sacrefises; 1, 10, 8 E tu pur co i vendras, que offrande face a Deu;

Zuweilen finben wir in zwei aufeinanber folgenben Finalfäßen im ersten eine flare finale Conjunction an ber Spiße, währenb im zweiten bas einfache que als genügenb gefeßt wirb.

L. Psalm. 36. 15 Glaive forstraistrent li pecheur, tendirent lur arc, Pur ce que il deceivent le povre e le sufraitus, que il debutent les dreituriers de cuer; 77, 10 recuncterunt a lur filz; Pur ce qu'il posent en Deu lur esperance e ne oblient les ovres Deu e les cumandemenz de lui exquergent, Que il ne seient sicume li peres dels . . . . . 101, 22 Kar il esguarda Pur ce qu'il oist les gemissemenz des liez . . . . . Qued il annuncent en Syon le num nostre Segnur.

Das Umgekehrte finbet statt: L. Psalm. 103, 16 Forsmenanz fain a jumenz e herbe a servage d'umes, Que tu forsmeines pain de la terre . . . . . Pur ce que halegre sa face en olie.

Quatr. liv. 1, 15, 9 e que par co plus parust sa victorie e sa glorie, d'almaille e de co que bel fud . . . . guard. Hier finben wir alfo bas mit einer Präposition vereinigte bemonstrative Pronomen bem que nachgefeßt; einmal que par co unb gleich barauf de co que. Die Bebeutung ift in beiben Fällen biefelbe. Im Deutschen würben wir que par co genau burch „bamit" = ober „baß baburch" wiebergeben können. Eigentlich hat hier das Pronomen unmittelbar mit que nichts zu thun, sondern es dient dazu, noch einmal den Hauptsatz resp. die Thätigkeit des Hauptsatzes hervorzuheben, um dessen Inhalt als eigentlichen Grund hinzustellen, woraus das im finalen Nebensatze Mitgeteilte resultieren soll.

f) Que nach einem negierten Hauptsatze.

Zuweilen steht im Altfranzösischen einfaches que an der Spitze eines Nebensatzes, der zu irgend einem negierten Gliede des Hauptsatzes eine nähere Bestimmung enthält. Eine solche Construction steht einem Relativsatze sehr nahe, und oft ist es zweifelhaft, ob wir eine Conjunction oder ein Pronomen vor uns haben. Im Deutschen setzt man in solchen Fällen auch wirklich ein Relativpronomen, ohne daß die Conjunction „daß" ausgeschlossen wäre.

Man kann solche Sätze auch als Consecutivsätze nach negativem Satzglied des Hauptsatzes auffassen. Das que + der folgenden Negation entspricht genau dem lateinischen quin. Rol. 531 N'est hum qui l' veit e conoistre le set, Que co n c diet que l'emperere est ber; 2419 Il n e n i ad chevalier ne barun, Que de pitiet mult durement u e plurt; 3462 N'i a d celui q u e n'i fierge o capleit.

Vergleichen wir die verschiedenen Satzarten, welche mit que eingeleitet werden, mit denen, welche, obgleich abhängig, dennoch unverbunden in Hauptsatzform auftreten, wie sie im ersten Teile behandelt worden sind, so ergibt sich Folgendes:

1) Nicht vertreten ist sowohl hier wie dort der Concessivsatz, der erst später in der französischen Sprache auftritt. Er wird durch den Bedingungssatz vertreten.

2) Nicht vertreten waren ferner im ersten Teile: Der Nominativsatz, Genitivsatz, Dativsatz, welche vielmehr immer mit que eingeführt werden, in populären wie gelehrten Werken.

3) Der Bedingungssatz erscheint ohne Conjunction, aber nie mit bloßem que, was begreiflich ist, da eine besondere Partikel (si) für diese Satzart vorhanden war.

Allen übrigen Satzarten ohne que stehen Sätze mit que zur Seite.

4) Die mit que eingeleiteten Sätze sind in den populären Texten wie in den gelehrten gleicher Weise vorhanden.

Hieraus folgt zur Genüge, daß die Nichtsetzung von que in bestimmten Grenzen eingeschlossen gewesen ist, und auch die Volkssprache sich des que in gewissen Fällen stets bediente und in sehr verschiedenem Sinne angewandt hat.

Dritter Teil.

Neubildungen von subordinierenden Conjunctionen im Französischen.

Der Mangel an subordinierenden Conjunctionen mit genau begrenzter Bedeutung, die Vieldeutigkeit von Nebensätzen, die durch que angeführt, ein Satzglied des Hauptsatzes näher zu bestimmen dienten, die Unklarheiten, die durch die Nichteinführung des abhängigen Satzes durch eine sein Verhältnis zum Hauptsatze genau andeutende Partikel bestanden, mußten notwendig empfunden werden, sobald die französische Sprache über das Alltagsbedürfnis hinaus in litterarischen Werken verwandt werden und präcis formulierte oder genau wiederzugebende Gedanken, wie sie die lateinischen Werke des Mittelalters darboten, ausdrücken sollte. Jeder über alltägliches Vorstellen und Denken sich Erhebende, durch lateinische Schriften Gebildete, war, um den gewonnenen Ideenschatz mitzuteilen, in die Notwendigkeit versetzt, sprachbildnerisch thätig zu sein und der Armut und Unzulänglichkeit der Sprache unter Benutzung ihrer Mittel und der lateinischen Sprache abzuhelfen. Mit der Verfeinerung und größeren Exactheit des Vorstellens ging so auch eine Vervollkommnung des französischen Satzgefüges Hand in Hand. Daß diese Verbesserung nur von Gebildeten und mit sprachlichen Kenntnissen Ausgestatteten herbeigeführt werden konnte, versteht sich von selbst.

Der einzige Weg nun aber, auf welchem dem Bedürfnis nach genauen, einen Gedanken sicher begrenzenden Conjunctionen Genüge gethan werden konnte, war die Zusammensetzung. Neue Conjunctionalcompositionen ließen sich mit Hülfe der vorhandenen bilden; es konnten dazu aber nur solche gebraucht werden, deren Bedeutung wegen ihrer Vagheit durch ein Compositionsglied differenziert werden konnte. Demnach eigneten sich dazu am wenigsten die Conjunctionen von bestimmter Bedeutung, wie das bedingende si und das wesentlich nur in temporalem Sinne übliche quand, eher das im weiteren Sinne verwandte comme, am meisten aber das in allen Satzbeziehungen gebrauchte que.

Der erste Versuch, die Functionen des abhängigen Satzes genauer abzugrenzen, war die Anwendung von Wörtern demonstrativen Characters und von bestimmter Bedeutung, die auf das nachfolgende que vorberei= teten und eine Anweisung gaben, im richtigen Verhältnis den unterge= ordneten Satz zum Hauptsatze aufzufassen, und Haupt= und Nebensatz als ein Ganzes zu denken. Diese Anweisung war dann am deutlichsten gegeben, wenn das das que determinierende Glied des Hauptsatzes dem que selbst möglichst nahe gerückt war. Das Bestreben, hierdurch der Rede größere Klarheit zu verschaffen und dem Hörenden die Auffassung zu erleichtern, tritt in den ältesten altfranzösischen Texten bereits zu Tage. Es fand so eine Art Attraction des Determinativums an das zu determinierende Glied statt, nachdem jenes schon länger in Sätzen örtlich eine wandelbare, von metrischen Zwecken geregelte Stellung ge= habt hatte. Allmählich trat dann eine Verschmelzung der so zusammen= gerückten Satzglieder ein, am engsten dann, wenn die Verschmelzung oder Composition nach den Gesetzen der französischen Wortcomposition statt haben konnte. Nicht jedes Determinativ vermochte mit que zu ver= wachsen und damit in den Nebensatz übertretend, eine neue conjunctionale Partikel darzustellen.

Dies ist der Ursprung der in der französischen Sprache selbst ge= schaffenen Conjunctionen. Diejenigen, welche die Texte bis ins 12te Jahrhundert hinein kennen, sowie ihr Gebrauch und ihre Entstehung, sollen im folgenden Teile behandelt werden.

1. Bildungen mit comme.

Wir haben im vorigen Teile unter comme gesehen, daß es in mo= daler Bedeutung sehr häufig noch durch ein adverbiales Correlat im Hauptsatze genauer bestimmt oder hervorgehoben wird. Dieses Correlat, durch Satzglieder des Hauptsatzes hervorgerufen, gehört dem Hauptsatze an und ist auch meist durch andere Satzglieder von comme geschieden. Doch nicht ausschließlich findet es sich in unsern Texten in dieser Stellung. Es entfernt sich vielmehr bereits in alten Texten von dem Satzgliede, mit dem es logisch verbunden ist und wird durch comme attrahiert, mit dem es dann auch bereits früh zusammengeschoben ist, da es eine Art Proklita zu comme bildet und seinen eigenen Accent mit dem des comme vereinigen kann.

a) S i c o m m e = sic quomodo (vgl. II, 6, a, β) ift im Altfranzö=
fifchen ungemein gebräuchlich und fogar häufiger als das einfache comme.
1 = fowie, 2) = fobald als. Serm. . . . . . et in adiudha et in cadhuna cosa sicum om per dreit son fradra salvar dist. Val. 1 habuit
misericordiam sicum semper solt haveir de peccatoribus 5; 18;
30; 36; Rol. 667 Par main en l'albe sicum li jurz esclairet, Guenes
li cuens est venuz as herberges; 2203; 3646; Charl. 173 Al tierz
jurn relevat sicum out predechiet; 632; Gorm. 609 Si cum li cers se
fuit la lande, s i s'enfuirent ce[u]s d' Irlande. Die Wiederholung des
si zeigt ebenfalls, daß die Verfchmelzung von si comme perfect geworden
ift. Weiter kommt si comme in den genannten Denkmälern nicht vor;
ungemein häufig ift es dagegen in den gelehrten Terten. L. Psalm. 32,
22; 47, 7; 55, 7; 67, 2; 77, 48; 88, 48; 95, 10; 122, 3; 131, 2
Quatr. liv. 1, 4, 9; 1, 8, 5; 1, 10, 8; 1, 13, 10; 1, 15, 33; 1, 17,
20; 1, 17, 23; 1, 17, 30; 1, 18, 10; 1, 19, 7 2c. Comp. 321; 393;
521; 564; In den Dial. kommt si comme nicht vor, fondern die Form
alsi com, welche diefem Denkmal eigentümlich ift. (S u. c).

b) Unverfchmolzen fteht: A i n s i c o m m e, weil ainsi fich nicht
zur Proklitika eignet; fehr felten. Quatr. liv. 2, 1, 21 . . . . . e Saul,
tut issi cume il ne fust enuinz, i getad sun escud; In den Dial. 1,
45, 14 hat es caufale Bedeutung und entfpricht in der Vorlage ut:
Quar uns poures vielbars fut ameneiz a moi, et. ensi com la parole
des vielbars toz tens a moi solt estre amiable, ge demandai celui stu-
diousement dont il astoit. Es fehlt in den Dichtungen des Zeitraumes

c) Ebenfo A l s i c o m, eine aus gleichem Grunde unverfchmolzene -
Form, die nur den Dial. eigen ift und dort nachdrücklich für das ein=
fache comme, gewöhnlich gebraucht wird. 1, 7, 10 Se je soules les
choses, Pieres, raconte . . . . . alsi com ge haisme li iors cesserat
anzois ke li sermons; 1, 18, 14 . . . . et mult sa char dondoit par
abstinence alsi com ge ci devant ai parleit, en un ior ses peires et sa
mere fisent un convive a lur voisins; 1, 8, 22; 1, 9, 16; 1, 10, 15;
1, 11, 23; 1, 16, 17 2c.

d) Ebenfo t a n t c o m m e: Dient im Altfranzöfifchen bazu, eine
gleichmäßige Dauer auszubrücken und entfpricht in feinem Gebrauche
dem neufranzöfifchen tant que oder autant que. Was der Conjunction
die temporale Bedeutung gibt, ift tant; comme ift an fich modal. Al.
35, 5 N'en volt torner tant com il ad a vivre; Rol. 544 Co n'iert, dist
Guenes, tant cum vivet ses nies; 1322 Fiert del espiet tant cum
hanste li duret; 1802; 2126; Charl. 245 Tant cum li jurz li duret l'et
cunduit e guiet, 324 hat es die Bedeutung „foweit als": Unkes nen

out larun tant cum ma tere adure; 368 brüdt tant cum bie gleiche Dauer, alſo Gleichzeitigkeit aus: E tant cum l'emperere cele parole at dit, Devers les porz de mer vit un (fort) vent venir; 459; Gorm. 512; Quatr. liv. 1, 2, 27; 1, 22, 4; 2, 5, 2; 2, 5, 6; 2, 12, 18; 2, 16, 23; 2, 18, 18; Amis et Amiles: 1616; 2458;

e) Pur tant cum iſt eine Verſtärkung von tant cum. Gorm. 488 Ja ne faudrai a sa menee, pur tant cum po[i]sse ceindre espee;

f) En tant dementres com = während Al. 67, 1 En tant dementres com il iloc ont sis Deseivret l'aneme del cors saint Alexis.

g) Si tost cume ſteht altfranzöſiſch zuweilen in der Bedeutung des neufranzöſiſchen sitôt que: Quatr. liv. 1, 14, 13 A tant la roche passerent en rampant, e si tost cume Jonathas vint entr'els, devant li chairent li alquant; Amis et Amiles. 128 Il le connut si tost com il le voit. In gleicher Weiſe

h) Tantost cum: Quatr. liv. 1, 14, 11 Tantost eume li Philistien virent Jonathan e sun esquier, distrent entre sei . . . . . 1, 17, 24; 2, 17, 20; Amis et Amiles. 965 Bien le connut tantost com l'a veu; 1100; 2469;

i) De tant com = „ſo ſehr wie" reſp. „ſo ſchnell wie" Amis et Amiles. 3416 Sus en la sale commensa a entrer, De tant com pot et corre et randonner, Corrut son pere baisier et acoler.

Die unverbundenen Determinationen bleiben Glieder des Hauptſatzes.

2. Bildungen mit Que.

In Verbindung mit que treten nur zwei Wortarten auf: a) Präpoſitionen; b) Adverbien. Die übrigen Compoſitionen mit que ſind neuere Conjunctionalbildungen.

A. Que in Verbindung mit Präpoſitionen.

Wir haben unter que geſehen, daß eines der gebräuchlichſten Determinative desſelben eine Präpoſition in Verbindung mit einem Demonſtrativ-Pronomen war. Wie die dort angeführten Beiſpiele zeigen (vgl. die Caſusſätze), tritt das Determinativum zuweilen auch ſchon unmittelbar vor que, aber auch dann gehört, wie das Pronomen-Demonſtrativum zeigt, das Determinativum noch dem Hauptſatze an.

Die Ausdrucksweiſe: Praepos. + Demonstr. + que geht in unſern Texten neben der Verbindung Praepos. + que einher. Die Berechtigung, die erſte Ausdrucksweiſe für die ältere, dieſe für einen abgekürzten elliptiſchen Ausdruck zu halten, liegt darin, daß 1) Praepos. + Conj.

keine im Altfranzösischen mögliche Verbindung darstellt 2) altfranzösisches ce que auch durch que vertreten werden kann.

Die Präpositionalconjunctionen verschmelzen mit que, weil die Präposition proklitischer Natur ist, und treten ganz in den Nebensatz über.

α) Que mit einer Präposition ohne ein pronominales Determinativum.

In der Composition des que mit einer Präposition wird natürlich die Bedeutung der neu entstandenen Conjunction durch die Präposition bedingt, und nach den verschiedenen Bedeutungen, welche dieselbe haben kann, richtet sich die Bedeutung. der Conjunction. *)

Pour que: 1) Pour hat die Bedeutung des Zweckes; **) alsdann ist pour que final: Rol. 3981 Baptisiez la, pur que Deus en ait l'anme;

2) Pour zeigt einen Beweggrund an***) und der Conjunctionalsatz ist causal: Val. 11 Mult laetatus est, eo dixit, por que Deus cel edre li dunat;

Par que findet sich nur in den Dial.

1) Par drückt einen Grund aus****) und par que ist causal: 1, 6, 23 Des queiz li pluisor en plus secreie vic plaurent a lur faitcor, li queil par ke il par les humainz faiz ne uieziroient de la noucleria de lur pense, si n' volt li tot poissanz deus iceaz estre occupeiz des traualz de cest mont; 1, 12, 21.

2) Par que ist, da par auch die Richtung zu bezeichnen diente, final: 1, 8, 1 Mais par ke ie az lisanz sostraie l'ochison de dotance, par chascunes choses cui ge descrirai, par queiz auctors les ai par ceucs manifesterai; 1, 10, 4 La uoie nekedent de lur franchise des enfers en exemple ne doit pas estre traite, par ke alcuns, quant . . . . . ne despitet estre disciples d'icun. homme, et soit faiz maistres d'error; 1, 11, 8; 1, 18, 1; 1, 18, 3; 1, 25, 13 etc.

3) Consecutiv: 1, 25, 19 Li queil cheant en terre si longement furent trauilhiet, des a tant ke ceste chose conurent encor tot cil

---

*) Wenn Diez. Gram. III, 332 sagt, daß que einem Adverbialbegriffe conjunctionale Kraft verleihe, so ist dies wohl nicht ganz correct; vielmehr gibt der Adverbialbegriff resp. die Präposition der Conjunction eine bestimmte conjunctionale Bedeutung.

**) Diez: Gram. III, 179;

***) III, 180;

****) III, 177;

Lumbar ki defors astoient, par ke il n'osassent des en auant lo saint
liu uioleir.

Ueberhaupt ift par que in den Dial. ſehr gebräuchlich.

Puisque aus puis + que = post + quod, eigentlich temporale
Conjunction, hat dieſe Bedeutung vornehmlich in den älteſten franzö=
ſiſchen Denkmälern. Erſt ſpäter erhielt es cauſale Bedeutung. Es be=
ginnt zum Zeichen der Verſchmelzung der beiden Beſtandteile auch
Satzgefüge. Rol. 818 Puis que il vienent a la Terre Majur, virent
Guascuigne la terre lur seignur; 896 Puis que il est sur sun cheval
muntez, mult se fait fiers de ses armes porter; 1095; 2665; 3858;
Gorm. 515 Quatre jurs a[d] l'estur[s] dure, puis que Gormunz fut
afole[s], car Isembarz i estremes od quarrant mil[liers] d'armes; Quatr.
liv. 1, 1, 9 Anna puis que ele out mangied e beud, levad; 1, 1, 24;
1, 2, 5; 1, 8, 8; 1, 9, 8; 1, 17, 57; 1, 25, 12 etc.

Puisque in cauſalem Sinne ift im älteſten Franzöſiſch noch ſelten.
Der Uebergang erklärt ſich aus bekannten Gründen. Die Thätigkeit
des mit puisque eingeleiteten Nebenſatzes geht der des Hauptſatzes vor=
aus: post hoc — propter hoc. Rol. 300. Puis que l'cumant aler
vus en estoct; Quat. liv. 1, 16, 1 Pur quei plures e plains Saul, puis
que jo l'ai degete qu'il ne regne sur Iſrael? 1, 31, 7; Amis et Amiles.
480 Jo la panrai, puis qu'elle m'est donnee.

β) Que mit einem pronominalen Determinatiuum.

Daſſelbe ift immer ein Demonſtratiuum mit eigenem Ton, daher
unverſchmolzen und nicht zur Einleitung einer Periode geeignet, alſo
noch dem Hauptſatze verbleibend.

De co que; ſtets abhängig von einem Gliede des Hauptſatzes:
Zeigt die Urſache an. Vornehmlich in den Quat. liv. 1, 21, 1 mais
Achimelech s'esmerveillad de co que David vint si sultifs; 2, 2, 12
forment fut irez vers els de co qu'il ourent David eslit a rei et a
reignur; 2, 6, 7 David en fud mult marriz de co que nostre Sire out
ferut Ozam e muad le num de cel lieu pur co que Oza i fud ocis.

Par co que ift ſehr ſelten und hat im Gegenſatz zu par que
nur cauſale Bedeutung. Dieſer Umſtand deutet darauf hin, daß in
finalem par que nur eine Confundierung mit pour que zu erkennen
ſein dürfte. Quat. liv. 2, 24, 4 (die franz. Uebertragung ift nach Vers
12 eingeſchoben und nach Vers 3 übergangen.). E sa nurrice prist
l'enfant si s'en fuid, et par co qu'ele se hastad li enfes chaid e
clops en devint par le chair. Comp. 533 En grant peine nus mist
Par co que il manjat Co qu' Eve li dunat;

Parce que, das Perioden einleitet, ift ebenfalls nicht verfchmolzen und ift fogar durch andere Wörter trennbar.

Pur co que und pur ce que: Die letztere Form findet fich nur in den L. Psalm. darin auch durchweg und fehr häufig. Pur co que refp. pur ce que verhält fich genau wie das einfache pour que, d. h. es wird final und caufal gebraucht, nur ift pour ce que vorwiegend final, während bei einfachem pour que, das an fich fchon nicht oft vorkommt, der caufale Charakter vorherrfchend ift. *)

1) Caufal: Rol. 285 Ne l'amerai a trestut mun vivant, ne Olivers pur co qu'il est sis cumpainz und 286 Les duze pers pur co qu'il l'aiment tant. In 286 ift co von Müller in feiner Ausgabe zur Herstellung des Verfes eingefchoben, ftatt pur que der Hs. 2102 Rut ad le temple pur co que il cornat. L. Psalm. 31, 3 Pur ce que je me toi enveilirent li miens os, desmentresque li criowe tute jurn; 70, 18; 106, 30; 118, 139; In den Quat. liv. 1, 3, 13; 1, 6, 19; 1, 8, 18; 1, 9, 16; etc. hat pur co que faft durchweg caufale Bedeutung, im Gegenfatz zu den L. Psalm. Innerhalb des erften Buches des erfteren Denkmals finden wir nur „zweimal" finales pur co pue 18, 17 und 18, 21. 1, 20, 34 Kar mult fud marriz, e pur David e pur co que sis peres l'out si laidit par parole; Comp. 293; 429; 437; 566 etc. Die Form pur ice que = weil L. Psalm. 108, 14;

2) final: Rol. 104 Sunent mil grailles pur co que plus bel seit; L. Psalm. 11, 14 Chi essalces mei des portes de mort, pur ce que je anunce tuz les suenz loenges; 11, 30 Il siet en aguaiz ot les riches en repostailes, pur ce que il ociet le innocent; 11, 37; 32, 19 etc. Quat. liv. 1, 18, 17 Saul a ses privez parlad e a David mandad que sa einznee fille Merob pur num li durreit, pur co que la guerre vers les enemis Deu meintenist; 1, 18, 21.

In den L. Psalm. ift diefe Conjunction in mindeftens 4/5 fämtlicher Fälle final, dagegen hat fie in den Quat. liv. faft ausnahmslos caufale Bedeutung.

3) Die Präpofition pour wird im Französifchen auch in ftellvertretendem Sinne gebraucht. **) Diefe Bedeutung hat fich in der Conjunction erhalten. L. Psalm. 108, 3 = „anftatt daß": Pur ice qu'il mei amassent, detraeient a mei.

4) Ein Accufativverhältnis, welches fich mit einem finalen berührt, haben wir Quat. liv. 1, 20, 5 nach souffrir: Sueffre pur co que jo me

---

*) Vgl. über die urfprüngliche Stellung von pur co und pur ce im II. Teile die Abfchnitte über que im Caufal= und Finalfatze.

**) Vgl. Diez: Gram. III, 178;

tapisse aschamp jesqu'al vespre del tierz jur. Souffrir hat hier die Be=
deutung von „befehlen" „(thun) laſſen".

En co que findet ſich nur in den Quat. liv. und ſeine eigentliche
Bedeutung iſt urſprünglich inſtrumental, die aber in eine cauſale über=
gehen kann, ſodaß bald die eine, bald die andere Bedeutung vorherrſcht.
1, 7, 17 E saverez que grant mal feistes en co que rei requeistes;
1, 7, 19 Prie Deu pur nus, tes serfs, que tuit n'i murium en co que
rei demandames, mal sur mal fait avum; 1, 15, 24 Pechied ai en co
que n'ai tenu le cumandement Deu e tes paroles; 2, 1, 16 ta buche
ad parlee encuntre tei e a tuu damage, en co que tu deis que
l'enuint nostre Seignur oceis.

En ice que ſteht einmal L. Psalm. 118, 7 und verhält ſich
genau wie en co que: Je regehirai a tei en adrecement de cuer, e n
ice que je apris le jugemenz de la tue justise.

A co que wird gebraucht wie die beiden vorhergehenden; nur in
den Quat. liv. 1, 14, 9 A co qu'il al pruveire parlad, merveillus
tumult en l'ost levad;

Od co que iſt gleich a co que. Quat. liv. 1, 28, 20 e d'altre
part il fud afebliz od co qu'il fud deshaited, kar il n'out le jur
de pain mangied.

Devant co que. Dieſe Verbindung iſt, der Bedeutung von
devant gemäß, nur temporal = „bevor daß;" „bis". Quat. liv. 1, 28,
22 Si te plaist, refai la meie: un poi mangiez devant co que vus
en algiez; 1, 30, 1 Tierz jur devant co que David revenist a sa
cited Sicelech, ces Amalech la cited asaillirent devers le sud, si la
pristrent; 2, 3, 13; 2, 17, 22; 2, 20, 6.

Apres ce que nur temporal; bezeichnet durch apres, daß eine
Handlung unmittelbar auf eine andere folgt.

Dial. 1, 26, 21 Apres ce ke tu as dit teil miracle del fait de
celui, or remaint ke tu moi avec edifies de la humiliteit de sa pense.

Des que aus de - ex quod, unverſchmolzen und trennbar, wird
nur temporal gebraucht und das de-ex bezeichnet den Anfangspunkt.
Des que ſteht vornehmlich in den L. Psalm. und gibt dort durchweg das
im Original ſtehende donec wieder und einmal usque ad. L. Psalm. 17,
41 Je parsiverai mes enemis e cumprendrai les e ne returnerai desque il defisent; 55, 2 E en l'umbre de tes eles esperrai, desque
trespast la felunie; 71, 7 Naistra e suens jurz justise e abun-
dance de pais, desque seit toleite la lune; 77, 17; 92, 13; 104,
17; 109, 2; 111, 7; 122, 3; 131, 5; 140, 11; 141, 10; Amis et Amiles.
1804. Des co que kommt nicht vor, dafür die Form

Des ci que in ben Quat. liv. unb hat bieſelbe Bebeutung wie desque: 1, 14, 24 Maleit ſcit cil̡ ki maugerad devant le vespre, d̡e̡s ci que plenierement me seie vienge de mes enemis; 1, 22, 3 D'iloc s'enturnad en Masphat ki est en Moab, e requist le rei de Moab que sis peres e sa mere fussent entur lui des ci qu'il soust que Deus li freit, ki l'out fait enuingdre a rei sur Israel; 2, 10, 5; 2, 21, 10; 2, 23, 10;

Desque là que ſteht einmal L. Psalm. 93, 15 in berſelben Bebeutung wie desque ober des ci que. Kar ne debuterad li Sire le suen pople, e la sue heredited ne deguerpira, desque la que justise scit convertide en jugement.

Ainz que, unverſchmolzen, iſt ſchon in ben älteſten Denkmälern ziemlich gebräuchlich, fehlt aber merkwürbigerweiſe in ben Quat. liv. Es iſt ber Bebeutung von ante gemäß immer temporal. Rol. 83 haben wir ein Beiſpiel, wo ainz noch im Hauptſatze fern von que ſteht, was für bie Entſtehung von ainzque burch Verbinbung mit que, nicht aus antequam, einen Beweiß liefert. Ja einz ne verrat passer cest premer meis, que je l' siurai od mil de mes fideils; 3043; ebenſo Gorm. 307. Al. 92, 1 Ainzque t'ousse si 'n fui molt desirrose; 92, 2; Ainz-que nez fusses si 'n fui molt anguissose; Rol. 688; 811; 1690; 1804; 1900; 2035; 2230; 3939; Charl. 517; 615; L. Psalm. 38, 18; 57, 9; 89, 2; 118, 67; 128, 5; Comp. 194. Amis et Amiles. 168; 692; 1552; 1997.

Ancoisque. Seine Bebeutung iſt bieſelbe wie bie von ainzque, es iſt aber in ben älteſten Denkmälern ſehr ſelten. Rol. 811 N'en descendrat pur malvaises nuvels, enceisqu'en seient set cenz espees traites; 3480 Doel i avrat enceisqu' ele departet; Gorm. 249 aince[i]s qu' augiez guaires de terre, n[i]en encient l'avrez mu[l]t pesme; Dial. 1, 7, 11 Se ge soules les choses, Pieres, reconte . . . . . alsi com ge haisme li iors cesserat anzois ke li sermons. (Das Verb iſt zu ergänzen.) 1, 36, 23;

B. Que in Verbinbung mit einem Abverbium.

Die zweite Claſſe von Wörtern, welche herangezogen wurde, um bem que eine beſtimmte Bebeutung zu verleihen, waren gewiſſe Abver= bien. Die Zahl ber auf bieſe Weiſe entſtanbenen Neubilbungen iſt nicht groß. Dieſelben ſind im Neufranzöſiſchen faſt alle wieber verloren ge= gangen. In ben Dial. finbet ſich bie Eigentümlichkeit, baß bieſen Ab= verbien oft eine Präpoſition vorgeſetzt wirb.

Die Verbinbung beiber Partikeln iſt bei weitem nicht ſo enge, wie bieß bei ben Bilbungen ber vorigen Claſſe ber Fall war. Zugleich be=

obachten wir, daß sie sich vornehmlich in den Quat. liv. und Dial. finden,
also in gelehrten Texten, selten oder nur ganz bestimmte in den L.
Psalm; im Rol. treffen wir nur tantque.

Si que: kann eine Periode nicht einleiten. Der „que Satz"
drückt hier eigentlich die aus der Art der Handlung des Hauptsatzes
hervorgehende Folge aus. Die Art der Thätigkeit wird durch das si
besonders hervorgehoben. Es steht nur in den Quat. liv. und den Dial.
Quat. liv. 1, 16, 13 Par ceste desconfiture furent humiliez li Philistien,
si que n'oserent returner a la terre de Israel; 1, 12, 11 delivrad vus
de voz enemis ki mestrent entur vus, si que en vostre terre estes
aseurs; 1, 13, 12; 1, 15, 27; 1, 17, 52 ?c. Dial. 1, 35, 1 . . . . .
dunkes comenzat li hom de deu de ses mains ice rezoiure en un petit
uaissel et departir par toz les torneaz et par toz les uaisseaz, ki as-
toi(en)t deuant appareilhiet, por beneizon, si ke tot li uaissel de cel
meisme uin astoient neut a poines estre molhiet; 1, 35, 4; 1, 35, 11;
1, 39, 18 ?c.

Dial. 1, 16, 11 hat si que die Bedeutung von „ehe", „bevor" und
gibt ein priusquam des Originals wieder: Fai - le venir, kar nus ne
mangeruns, si que il seit venuz.

Eigentümlich ist auch si que gebraucht: Quat. liv. 1, 24, 13 Pur
co Deus seit juges entre mei e tei e venjance m'en face, si que
main ne mette sur tei.

Ainsi que verhält sich genau wie si que, wird aber sehr selten
gebraucht; einmal in den L. Psalm., sonst nur noch in den Dial., aber
auch da nicht häufig. L. Psalm. 103, 66 Defisent li peccheur de terre;
e li felun issi qu' il ne seient; Dial. 1, 14, 1 . . . . il arst de grief
corocement encontre cest meisme honorable Libertin en si ke il lo
ferit de ses mains; 1, 22, 25; 1, 22, 8; 1, 44, 23;

Tant que: Die eigentliche Bedeutung von tant findet sich vor
dem que im Rol. und Gorm. Rol. 2110 Sunez vos grais les tant
que en cest host ad; Gorm. 521 Lo[e]vis ses genz ad justez, tant
que dis mill[i]er(s) sunt d'armes. Sonst kommt tant que in den Denk=
mälern vor den Quat. liv. nicht vor, dort aber wird es in derselben
Bedeutung wie im Neufranzösischen gebraucht. Die Bedeutung „soviel'
steckt in dem tant noch Quat. liv. 1, 18, 23 Li reis n'ad que faire, ne
el ne quert endreit vus, mais tant que de ses enemis le vengiez, e
de lur chiefs cent li presentez; ähnlich 1, 28, 26 Aprosecrent tant
qu'il ourent enclos de toutes parz e envirun e lui e les suens pur prendre.

Sonst ist das Verhältnis zwischen tant und que dasselbe wie bei
si que. Auf die Zeit übertragen erhält tant die Bedeutung „so lange",

und tant que = „so lange daß" oder „bis daß", und diese Bedeutung
hat es im Altfranzösischen in den meisten Fällen. Quat. liv. 1, 1, 13
ses levres mout li quers parlad, t a n t q u e li evesches l'esguardad e
pur ivre l'entercad; 1, 28, 23 Li reis n'i volt mangier, mais si cumpaignun e la sorciere l'esforcierent t a n t q u ' i l de terre levad e sur
une culche s'asist; Besonders häufig in Amis et Amiles: 61, 332; 1393;
1597 ꝛc.

D e m e u t r e s q u e aus dum inter-ea· quod, findet sich außer Lg.
33, 4 nur noch in·den L. Psalm., wo es sehr gebräuchlich ist. Seine
Bedeutung ist natürlich immer temporal. Lg. 33, 4 Cio li rova et noit
et di miel li fiseist d o n t r e q u ' i l viu; L. Psalm. 9, 23 D e m e n-
t r e s q u e s'enorguilist li fel, est es pris li povre; 9, 32 ravir povre,
dementres q u e il le atrait; 26, 3; 27, 2; 29, 11; 30, 17; 30,
29; 31, 3 ꝛc.

Die folgenden fünf Conjunctionen sind Bildungen, welche nur in
den Dial. vorkommen und wir führen daher bei jeder nur die Stellen
an, wo sie daselbst zu finden sind.

M a n e s k e temporal = „sobald als": 1, 19, 6; 1, 40, 1; 1,
42, 8; 1, 45, 2; 1, 47, 11; 1, 48, 7. Diesem ganz gleichbedeutend ist
M a n e s q u a n t: 1, 22, 5; 1, 22, 24.

Die folgenden drei unterscheiden sich von den bis jetzt unter B
besprochenen Bildungen insofern, als dem Adverbialbegriff noch eine
Präposition vorangeht:

P a r t a n t k e: 1, 9, 17; 1, 13, 18; 1, 13, 2; 1, 24, 14; 1, 25, 6;
1, 26, 23; 1, 29, 11; 1, 30, 19; 1, 33, 9; 1, 33, 15; 1, 35, 19 ꝛc.

J u s k e s a t a n t k e: 1, 16, 5;

D e s a t a n t k e: 1, 25, 18; 1, 35, 19; 1, 39, 4;

C. Als eine dritte Classe können diejenigen Bildungen angesehen
werden, in denen que unmittelbar mit einem adverbiellen Substantivum
in Verbindung gebracht wird. Es kommen hier nur drei Beispiele in
Betracht, die in den Quat. liv. sich finden, und von denen zwei wieder
nahe verwandt sind.

A l u r e q u e: natürlich nur temporal = als. Quat. liv. 1, 17,
55 A l u r e q u e Saul vit David en champ, encuntre Goliath cum-
batant, enquist de Abner, ki cunestable fud .... 1, 23, 6 A l u r e
q u e .Abiathar le fiz Achimelech s'en fuid a David eu Ceila, od sei
portad le scinteficd vestement a pruveire; 2, 23, 1 Co sunt les paroles deraines que David le filz Ysai parlad al u r e que il dout murir.

J e s q u e a l u r e q u e = „bis baß", „bis zu der Stunde daß".
Quat. liv. 2, 24 15 Quant il out co eslit, nostre Sires enveiad pesti-

lence en Israel, des le matin j e s q u e   a l   u r e   q u e   l'um soleit faire sacrefise al vespre.

Q u e l   p a r t   q u e ift eine Verallgemeinerung und entspricht dem lateinischen quocunque. Quat. liv. 1, 44, 47 c quel p a r t   q u ' i l se turnout, ses adversaries sur muntout.

Zum Schluß sind noch einige Ausdrücke zu erwähnen, die im Alt= französischen in der Function einer Conjunction auftreten, aber völlig isoliert dastehen, als rein individuelle Bildungen zu betrachten sind, und auch im Altfranzösischen als Conjunctionen nicht weiter verwendet werden.

In (h)o(c) quid = sofern, nur in den Eiden . . . . . et in adi- udha et in cadhuna cosa . . . . . i n   o   q u i d il mi altresi fazet.

I n   q u a n t: Eide.   In q u a n t deus savir et podir. me dunnat, si salvarai co cist meon fradre Karlo . . . . . Diese Bildung in quant ift durchaus unfranzösisch.   Es ift eine gelehrte Bildung = in quanto.

S i   p u r   c e   n u n   q u e: Findet sich nur in den L. Psalm. und ift eine sklavische Nachbildung des Originals: 93, 17 S i   p u r   c e   n u n q u e nostre Sire ajuad mei, un petit meins habitast en enferm la meie aneme; (Nisi quia Dominus . . . .) 118, 92 S i   p u r   c e   n u n q u e la tne lei est li miens purpens, lores par aventure perisse en la meie humilited. (Nisi quod lex tua . . . .); 123, 1.

Q u a n d i u s = „so lange als" nur im Lg. 9, 1 ; 12, 3 ; 19, 3 ift wahrscheinlich eine provenzalische Bildung.   Dasselbe gilt von

Q u a l   h o r a = „als", „sobald als" in demselben Denkmal 25, 5 und 35, 1 ;

Wir sehen, daß die gelehrten Denkmäler der ältesten Zeit schon eine ziemlich große Zahl von neuen Conjunctionen aufzuweisen haben.   Die populären Texte stehen in dieser Beziehung hinter den ersteren weit zurück und haben von neu gebildeten Conjunctionen nur solche aufzu= weisen, welche durch Zusammensetzung mit einer Präposition gebildet sind.

— ❧ —